CW00821895

MÉTODO DE ESPAÑOL PARA EXTRANJEROS

PRISMA LATINOAMERICANO CONTINÚA

LIBRO DEL ALUMNO

Equipo prisma

NIVEL A2

Edinumen

Coordinadora del nivel A2: Raquel Gómez y Carlos Oliva

ISBN: 978-84-9848-101-3
Depósito Legal: M-24869-2011
Impreso en España
Printed in Spain

Coordinación pedagógica:
María José Gelabert

Coordinación editorial:
Mar Menéndez

Edición:
David Isa y Ana Sánchez

Adaptación versión Latinoamérica:
Elizabeth Reyes (coord.), Ma. de las Mercedes Cárdenas, Rosa Estela Dávila, Universidad de Guadalajara
Luis Navarro, Instituto Tecnológico de Monterrey

Revisión de adaptación:
Marisol de Lafuente Duff (Lda. Universidad Nacional Autónoma de México) –Coordinadora–, Susana Jackson-Houlston (Lda. Pontificia Universidad Católica Argentina), Alejandra López Vázquez (Lda. Universidad de Londres) y Talía Luna Morris (Lda. Universidad Nacional Autónoma de México). Profesoras de español de Modern Language Centre, King's College, Universidad de Londres.

Autoras del apartado *Nos conocemos*:
Isabel Bueso y Paula Cerdeira

Ilustraciones:
Miguel Alcón y Carlos Casado

Diseño de cubierta:
Carlos Yllana

Diseño y maquetación:
Juanjo López y Sara Serrano

Fotografías:
Archivo Edinumen, Benjamín Ojeda, Alain Ponce (fotografías de Tapalpa, pág. 145), Vanessa Pirandello (fotografía de la difunta Correa, pág. 96) y Ángel Torres Escalante (fotografía de La Lanzada, pág. 96)

Impresión:
Gráficas Rogar. Navalcarnero (Madrid)

Agradecimientos:
A todas las personas y entidades que nos han aportado sugerencias, fotografías e imágenes y, de manera especial, a Ana Puig Repullo, Benjamín Ojeda, Casimiro Moreno y Diario Hoy.

Editorial Edinumen
José Celestino Mutis, 4. 28028 - Madrid
Teléfono: 91 308 51 42
Fax: 91 319 93 09
e-mail: edinumen@edinumen.es
www.edinumen.es

MÉTODO DE ESPAÑOL PARA EXTRANJEROS

PRISMA

LATINOAMERICANO

CONTINÚA (A2)

introducción

PRISMA LATINOAMERICANO es un manual de español para extranjeros pensado y dirigido para aquellos estudiantes y centros cuyo proceso de enseñanza y aprendizaje del español tiene lugar en un contexto latinoamericano.

PRISMA LATINOAMERICANO tiene como objetivo dotar al estudiante de las estrategias y conocimientos necesarios para desenvolverse en un ambiente de habla hispana y en el que convergen diferentes culturas. Con este manual, aunque se sigue la variedad mexicana, se pretende dar cuenta de la variedad y riqueza de los países que forman parte de la cultura latina, explicando algunas diferencias significativas (gramaticales, léxicas, etc.) y mostrando la diversidad cultural existente.

En este material cobran especial importancia los aspectos socioculturales que hacen que el estudiante reflexione sobre la diversidad del español, como lengua y como prisma de culturas. El alumno los descubrirá a través de los contenidos tratados en las diferentes actividades, en los contextos situacionales y en el apartado específico de cultura, denominado *Nos conocemos*, que aparece al final de cada unidad.

PRISMA LATINOAMERICANO aúna diferentes tendencias metodológicas desde una perspectiva comunicativa, con lo cual se persigue atender a la diversidad de discentes y docentes. En este libro se integran las actividades comunicativas de la lengua, junto con el estudio de la gramática de forma tanto deductiva como inductiva. De esta manera, se prepara al alumno para que sea competente y participe activamente en los intercambios lingüísticos que se le presenten.

Este material está estructurado en **4 niveles: Comienza (A1)**, **Continúa (A2)**, **Progresa (B1)** y **Avanza (B2)** según los requerimientos del *Marco común europeo de referencia* (MCER). Este Marco nos ofrece una base común para la descripción explícita de los niveles, de los objetivos y los contenidos en la enseñanza de las lenguas modernas. El MCER favorece la transparencia de los cursos, los programas y las titulaciones, fomentando la cooperación internacional en el campo de la enseñanza de idiomas.

PRISMA LATINOAMERICANO Continúa (A2) se compone de **Libro del alumno**, **Libro de ejercicios**, **Libro del profesor** y **grabaciones**.

Libro del alumno: consta de doce unidades.

Cada unidad didáctica tiene autonomía, pero recoge contenidos gramaticales, léxicos y funcionales de unidades anteriores (retroalimentación). Cada actividad va acompañada de unos iconos que marcan la destreza que se va a trabajar (leer, escribir, escuchar, hablar), así como la dinámica de clase sugerida por los autores (solo, parejas, grupos pequeños, grupo de clase); también aparece un icono cuando se requiere una explicación del profesor (siempre presente en el Libro del profesor) o un juego.

Cada unidad didáctica se desarrolla atendiendo a:

- **Pluriculturalidad:** se deja sentir en los contenidos culturales que aparecen en textos y grabaciones a lo largo de toda la unidad y en el apartado *Nos conocemos* al final de cada tema.

- **Integración de destrezas:** una gran parte de las actividades están planteadas para llevarse a cabo en parejas o grupo, con el fin de potenciar la interacción, la comunicación y la interculturalidad.
- **Gramática:** se presenta de forma inductiva y deductiva para que los estudiantes construyan las reglas gramaticales basándose en su experiencia de aprendizaje o dando una regla general que deben aplicar, dependiendo de la frecuencia, rentabilidad o complejidad de los contenidos.
- **Autoevaluación:** se sugieren tanto actividades conducentes a que el estudiante evalúe su proceso de aprendizaje, como actividades que potencien y expliciten las estrategias de aprendizaje y comunicación.

Libro de ejercicios, consta de:

- **Actividades** dinámicas con las que reforzar los contenidos estudiados de una forma autónoma para seguir avanzando en el aprendizaje.
- **Apéndice gramatical** detallado.
- **Claves** de estos ejercicios.

Libro del profesor, recoge:

- **Propuestas, alternativas y explicaciones** para la explotación de las actividades presentadas en el libro del alumno, prestando especial atención al **componente cultural y pragmático**, con el fin de que el estudiante adquiera un aprendizaje global.
- **Fichas** fotocopiables, tanto de refuerzo gramatical como para desarrollar situaciones comunicativas o tareas, dentro y fuera del aula, para que el estudiante tome conciencia de la diferencia de los intereses individuales, de su visión del mundo y, en consecuencia, de su aprendizaje.
- **Material para transparencias** de apoyo para el proceso de enseñanza/aprendizaje.
- **Transcripciones** de las grabaciones.
- **Claves** de los ejercicios.

Equipo prisma

Con EXTENSIÓN DIGITAL

Extensión digital de ***Prisma Latinoamericano A2***: consulta nuestra **ELEteca**, en la que puedes encontrar, con descarga gratuita, materiales que complementan este curso.

ELEteca un espacio en constante actualización

La Extensión digital para el **alumno** contiene los siguientes materiales:

- Grabaciones

Recursos del alumno:

Código de acceso

98481013

www.edinumen.es/eleteca

La Extensión digital para el **profesor** contiene los siguientes materiales:

- Introducción
- Guía del profesor con explotación y claves
- Transcripciones
- Fichas fotocopiables y sus claves
- Transparencias
- Grabaciones

Recursos del profesor:

Código de acceso

Rellena el formulario de solicitud de acceso a los recursos del profesor en:

www.edinumen.es/eleteca/solicitudes

En el futuro, podrás encontrar nuevas actividades. **Visita la ELEteca**

índice de contenidos

Contenidos funcionales	Contenidos gramaticales	Contenidos culturales
• Hablar de experiencias y valorarlas • Descubrir lugares, cosas y personas • Expresar gustos y preferencias	• Contraste de pasados • Adjetivos calificativos • ¡*Qué* + adjetivo! • Pronombres personales de objeto indirecto • Verbos: *gustar, encantar*...	• La música de Latinoamérica y España

Nota: se incluyen los contenidos culturales tanto del libro del alumno como del libro del profesor.

En el método se han usado los siguientes símbolos gráficos:

- Trabajo individual
- Trabajo en parejas
- Trabajo en pequeño grupo
- Trabajo en gran grupo o puesta en común
- Hablar
- Escribir
- Leer
- Jugar
- Audio [1] [Número de la grabación]
- Léxico
- Profesor
- Tareas para realizar en casa

Nota: La nomenclatura empleada en este material es la utilizada en la reciente *Nueva Gramática de la lengua española*, publicada a finales del año 2009 y que recoge la terminología de Andres Bello, por ser la más utilizada en Latinoamérica. Para consultar su equivalencia con otras terminologías, véase *"Nomenclatura de las formas verbales"* en la página final de este libro.

1 Unidad

Contenidos funcionales

- Contrastar y comparar informaciones
- Organizar el discurso y ampliar información
- Expresar opinión, acuerdo y desacuerdo

Contenidos gramaticales

- Revisión del presente de indicativo
- Nexos de coherencia y cohesión textual: *y, pero, es decir, en primer lugar*
- Oraciones de relativo: *que, donde*
- *Yo creo que* + opinión

Contenidos léxicos

- Ocio: vivir la noche
- Expresiones de la jerga juvenil
- La televisión y el radio

Contenidos culturales

- El ocio en México
- Los medios de comunicación en México: el radio y la televisión
- Canción *Lola, Lola* de Ricky Martin
- Literatura: Mario Benedetti

Nos conocemos

- El mundo de las telenovelas

1 ¡Vamos de **fiesta**!

1.1. **¿Qué les sugiere esta foto? ¿Dónde están? ¿Qué hacen? ¿Qué hora es?... Hagan hipótesis sobre las intenciones de las personas de la foto.**

1.1.1. **Ahora, lee el siguiente texto.**

En el D.F. existe una variada vida nocturna. Al ser una ciudad de más de 20 millones de habitantes, existen muchas opciones para todo tipo de personas y para todo tipo de bolsillos. Colonias exclusivas como la Condesa, la Roma, la Del Valle, Polanco y el centro de Coyoacán muestran un extraordinario incremento de bares donde se puede escuchar música, beber y cenar hasta las dos o tres de la madrugada, aunque hay bares que cierran un poco más tarde dependiendo de la ubicación. En todas las zonas de la ciudad existen los llamados "antros", donde principalmente se acude a bailar desde la salsa, el danzón, hasta la música tecno. Son zonas económicamente más desfavorecidas en donde los jóvenes, y los no tan jóvenes, "rematan" la noche comiendo los tradicionales tacos o garnachas a pie de calle.

En términos generales, en la Ciudad de México la diversión nocturna empieza alrededor de las 21:00 horas con el llamado "precopeo", bebiendo un trago en algún bar, para después acudir a algún antro, concierto o espectáculo. Para los jóvenes con menos recursos económicos, es más común iniciar la fiesta en casa de algún amigo para beber y para reunirse y después irse juntos al antro de su elección.

Casi todos los bares abren todos los días desde el mediodía, mientras que los antros funcionan a partir del día miércoles y se atiborran de gente durante los fines de semana. Los *after* funcionan a partir de las 3:00 horas hasta mediodía.

Adaptado del periódico Excelsior; http://www.exonline.com.mx/XStatic/excelsior/template/content.aspx?se=nota&id=818260

1.1.2. **¿Entendiste el texto? Discute con tu compañero qué titular te parece más adecuado para este artículo.**

En el D.F. empieza la fiesta

La fiesta sigue, pero la noche cambia

Pistear en México es más o menos barato

Los antros se atiborran de gente

1.1.3. 👤 ⊕ **Relaciona.**

1 Trago •		• **a** Parte de la noche a partir de las doce.
2 Espéctaculo •		• **b** Término para hablar de la bebida.
3 Vida nocturna •		• **c** Club nocturno.
4 Madrugada •		• **d** Lugar para después de las 3 am.
5 After •		• **e** Bebida en los bares a las 8 pm.
6 Antro •		• **f** Diversión en clubes nocturnos.
7 Precopeo •		• **g** Evento como un concierto, teatro o musical.

1.1.4. 👤 📝 **Subraya los verbos del texto y separa en dos columnas los verbos regulares de los irregulares.**

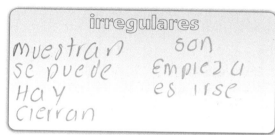

regulares

irregulares

muestran son
se puede empieza
Hay es irse
cierran

1.2. 👥 💬 **Ahora, van a escuchar a dos muchachos mexicanos hablando sobre lo que hacen en un día normal. Antes, decidan si las siguientes afirmaciones son verdaderas o falsas.**

	Verdadero	Falso
1. Pablo y Laura trabajan en las noches para poder estudiar.	☐	☒
2. Los dos jóvenes viven de manera independiente.	☐	☒
3. Los bares, discotecas, etc., cierran a las doce de la noche.	☐	☒
4. Los jóvenes mexicanos no tienen mucho interés en divertirse.	☐	☒
5. Los jóvenes buscan trabajos para tener dinero y poder salir.	☑	☑

1.2.1. 👥 🎧 **Ahora, escuchen y comprueben sus respuestas.**
[1]

1.2.2. 👨‍👩‍👧 ⊕ **¿Ustedes hacen lo mismo? ¿Qué les llama la atención? Comenten las diferencias.**

1.2.3. 👤 📖 **Ahora, lee el diálogo que acabas de escuchar y subraya los verbos irregulares que aparecen en presente de indicativo.**

Entrevistadora: Bueno, Pablo, cuéntame qué haces en un día normal.

Pablo: Estudio y trabajo. ¡Es muy duro! Entre semana duermo poco porque tengo que levantarme a las seis de la mañana para ir a la facultad. En la tarde, si puedo, vuelvo a mi casa para comer: ¡No hay nada como la comida de la casa! Salgo de nuevo a las cuatro y voy a mi trabajo.

Entrevistadora: ¿Y los fines de semana?

Pablo: ¡Ah! Eso es distinto. Me levanto tarde... Bueno, tarde..., como a las diez. Algunas veces doy una vuelta con mis amigos antes de comer o vienen a mi casa. En la tarde, prefiero no salir porque a las once empieza la fiesta.

CONTINÚA ••••⫶⫶

Entrevistadora: ¿Hasta qué hora?

Pablo: Ehhh..., bueno, tarde, hasta las seis o las siete de la mañana.

Entrevistadora: Sí, es bastante tarde. Bueno, y tú, Laura, ¿qué haces un día normal?

Laura: Yo no quiero trabajar durante la semana. Prefiero dedicar todo el tiempo a estudiar. Estudio Economía en la UNAM. De todas formas, los fines de semana trabajo en un supermercado, soy cajera. Así, con lo que me pagan, no pido dinero a nadie.

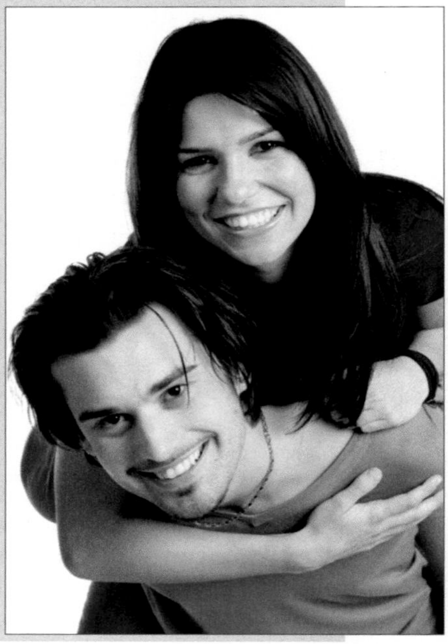

Entrevistadora: Entonces, ¿los fines de semana no sales?

Laura: Sí, en la noche. Solo que no puedo estar hasta las seis como Pablo porque al día siguiente me tengo que levantar temprano. Pero me divierto mucho, ¿eh? Lo que me gusta es ir a nuevos lugares porque así conozco a otra gente. Si no, me aburro.

Entrevistadora: ¿Están contentos con su vida?

Pablo: Yo sí estoy contento, la verdad. Vivo con mi familia, pero no se meten en mi vida. Hago lo que quiero... No sé... Si las cosas siguen así, al terminar la carrera..., sabes que estudio Informática en la universidad, ¿verdad?, rento un localito y pongo mi propio negocio.

Laura: ¡Híjole, qué rápido vas! Eres un optimista. Yo no veo las cosas tan claras. El trabajo está muy mal y...

1.2.4. **Comprueba con tu compañero si tienen los mismos verbos. Luego, clasifíquenlos en el cuadro siguiente según su irregularidad. Tienen un modelo de cada uno como ayuda.**

Irregularidad vocálica e>ie	Irregularidad vocálica o>ue	Irregularidad vocálica e>i	Irregularidad en primera persona singular
cerrar > cierro	acostarse > me acuesto	servir > sirvo	traducir > traduzco
venir	dormir	pedir	hacer
preferir	poder	seguir	salir
empezar	volver		dar
querer			conocer
divertirse			estar
			saber
			poner

Más de una irregularidad	Totalmente irregulares
oír > oigo, oyes...	ser > soy

Recuerda:

- Irregularidad en la 1.ª persona: *hacer, poner, traer, saber, salir, dar, conocer, producir...*
- Más de una irregularidad: *tener, decir, venir, oler, oír...*
- Irregularidad total: *ir, ser...*

1.2.5. **Ahora, corríjanlo en el pizarrón con el resto de sus compañeros.**

1.2.6. Completa estos cuadros.

pienso piensas pensamos	 vuelves vuelven vuelven	 pide piden	juego jugamos juegan
tengo tiene	digo decimos dicen	 vienes	hueles
oigo oye	 vamos van	soy eres	 está están

- **Argentina:** *Vos pensás, volvés, pedís, jugás, tenés, decís, venís, olés, oís, andás, sos, estás*

- **España:** *Vosotros pensáis, volvéis, pedís, jugáis, tenéis, decís, venís, oléis, oís, vais, sois, estáis*

1.3. Escribe a tus amigos un correo electrónico contándoles lo que haces en las noches cuando sales de fiesta.

De tarea

Los viernes voy de fiesta

Enviar Chat Adjuntar Agenda Tipo de letra Colores Borrador

Para:

Asunto: Los viernes voy de fiesta

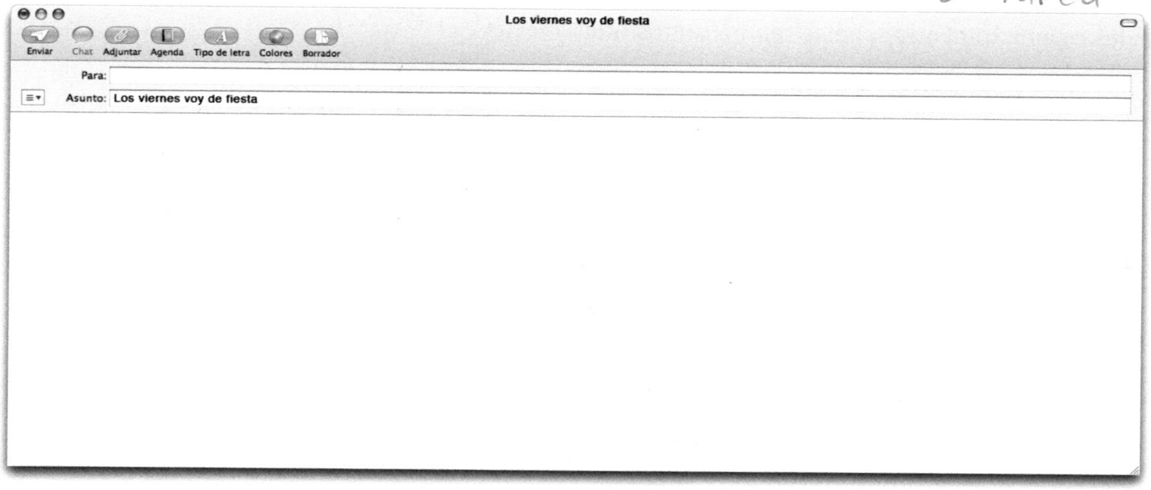

2 ¿Pagamos a **michas**?

2.1. **Respondan a estas preguntas antes de leer el texto y comprueben después de la lectura si acertaron. Justifica tus respuestas.**

Antes de leer		Después de leer
	1. ¿Creen que los mexicanos se divierten todos de la misma manera?	
	2. ¿Van todos a los mismos sitios?	
	3. ¿A qué hora creen que suelen empezar los adultos sus noches de fiesta?	
	4. ¿Qué quiere decir *coperacha*?	
	5. ¿Coinciden en alguna afición jóvenes y adultos?	

2.1.1. **Ahora, lee el siguiente texto.**

DOS MUNDOS DE DIVERSIÓN

Según los datos proporcionados por la empresa CEO, sobre una encuesta realizada en varias ciudades mexicanas, la forma de divertirse de los jóvenes y adultos es muy diferente.

Tanto unos **como** otros prefieren salir a quedarse en casa; la diferencia estriba en la hora de volver. **En primer lugar**, los adultos acostumbran volver entre las dos o tres de la mañana, **en cambio**, los jóvenes optan por aprovechar hasta la mañana siguiente, **así que** la mayoría acostumbra cenar en casa para poder gastar libremente el poco dinero que tienen, o que sus padres les dan, en la larga noche que les espera, tomando "chelas" en los antros o discotecas.

En segundo lugar, los que van llegando a los treinta y los más mayores prefieren ir a cenar con los amigos a un restaurante, o bien botanear en medio de conversaciones que se entremezclan unas con otras y que dan comienzo a una noche llena de vida. **Por esta razón**, acostumbran reunirse antes, a eso de las nueve o las diez de la noche, principalmente porque les gusta salir a cenar a un restaurante. Cena, botanas..., el adulto siempre acompaña sus copas con algo de comida.

Además, son diferentes los lugares a los que acuden. **Por un lado**, jóvenes y treintañeros salen a tomar a los bares, antros y discotecas.

Por otro lado, los adultos prefieren lugares más tranquilos, **es decir**, lugares para poder pasar una

CONTINÚA

noche agradable con los amigos.

A lo que no se resiste ningún grupo de edad es a la afición por el cine; la sesión preferida es la de la noche.

Y, de igual manera que hay distintas formas de diversión, **también** hay diferentes costumbres a la hora de pagar. La "coperacha" es una forma de pago frecuente entre jóvenes: consiste en que todos los del grupo cooperan en el pago. Si van solamente dos personas, pueden "pagar a michas", es decir, pagar mitad y mitad: está mal visto pagar cada uno lo que consume y además es más práctico y cómodo, **aunque** existe el peligro de que alguno no pague en toda la noche. En cambio, entre adultos, la forma de pago corre por cuenta de cada uno. Lo que sí hay que resaltar es que en ambas partes, entre jóvenes y adultos, las mujeres difícilmente pagan pues en México existe aún la idea de que el hombre debe pagar a su acompañante como una forma a veces malentendida de "caballerosidad".

En definitiva, para los jóvenes y adultos cada fin de semana es único; unos disfrutan del cine, otros botaneando o bailando, pero la mayoría sale a la calle y se divierte.

2.1.2. **Aquí tienes tres definiciones de algunos términos y expresiones que aparecen en el texto. Solo una es correcta. Puedes usar el diccionario.**

1. Optar por
   - a. Elegir.
   - b. Obligar a alguien a hacer algo.
   - c. Rechazar algo.

2. Tomas chelas
   - a. Tomar aguas frescas.
   - b. Emborracharse.
   - c. Término juvenil para tomar una cerveza.

3. Echarse unas copas
   - a. Ganar trofeos.
   - b. Tomar bebidas alcohólicas.
   - c. Tener una colección de copas.

4. Botanear
   - a. Poner botones.
   - b. Cerrar la parte superior de un recipiente.
   - c. Tomar aperitivos.

5. Hacer "coperacha"
   - a. Forma de pago en la que todos contribuyen.
   - b. Hacer algo entre todos.
   - c. Ayudar a alguien hacer su trabajo.

6. Platicar
   - a. Pagar.
   - b. Conversar.
   - c. Divertirse.

7. Invitar
   - a. Celebrar algo.
   - b. Pagar la consumición.
   - c. Consumir.

8. Pagar a michas
   - a. Pagar algo a plazos.
   - b. Pagar cada uno su parte.
   - c. Compartir la cuenta.

2.1.3. **Hay palabras que sirven para organizar y unir el discurso. En el texto 2.1.1. tienen varias de estas palabras en negrita. Con tu compañero, clasifíquenlas según la función que creen que realizan.**

SIGNIFICADO	NEXOS
Comenzar el discurso	
Añadir información	
Introducir una idea contraria	
Expresar consecuencia	
Aclarar la información	
Ordenar las ideas	
Comparar	
Finalizar el discurso	

2.1.4. **Ahora, clasifiquen estos otros nexos en el cuadro anterior. Pueden consultar el diccionario. Luego, comparen el resultado con el resto de sus compañeros.**

- **Por una parte... por otra (parte)**
- **Finalmente**
- **De esta manera**
- **En resumen**
- **Por tanto**
- **Más... que**
- **Menos... que**
- **Asimismo**
- **Sin embargo**
- **O sea**
- **Por el contrario**
- **Para empezar**

2.1.5. **Completa.**

- Para organizar un discurso o un texto utilizamos las palabras **(1)** .... para introducir un tema.
- A continuación, si se quiere ordenar la información, empleamos los nexos **(2)** ....
- Si necesitamos añadir información, lo hacemos mediante las palabras **(3)** .... Para oponer información usamos los nexos **(4)** .... Para explicar algo de lo que se ha dicho anteriormente lo señalamos con **(5)** .... Si queremos continuar con nuestra explicación o aportar una consecuencia, empleamos las palabras **(6)** ....
- Para comparar podemos utilizar **(7)** ....
- Para terminar nuestro discurso lo hacemos mediante los términos **(8)** ....

2.2. **¿Les sorprendieron los datos de la encuesta del 2.1.1.? ¿En su país hay también diferentes formas de divertirse según la edad? En grupos, discutan este punto. Uno de ustedes será el portavoz para tomar notas de las ideas más importantes a las que ha llegado el grupo. Hagan una puesta en común con el resto de los grupos para llegar a una conclusión final.**

2.2.1. **Imaginen que son redactores de un periódico para jóvenes de su país. Escriban un pequeño artículo con los datos del ejercicio 2.2. No olviden usar los nexos que aprendieron para que el texto tenga sentido. Corríjanlo con el profesor y elijan el mejor artículo.**

3.1. Contesten las preguntas.

¿CONOCEN PROGRAMAS DE RADIO Y TELEVISIÓN MEXICANOS O LATINOAMERICANOS?
¿CUÁLES? ¿LES GUSTAN?
¿QUÉ ES MÁS IMPORTANTE EN RADIO Y TELEVISIÓN, LA CALIDAD O LA VARIEDAD?
¿POR QUÉ?
¿QUÉ CREEN QUE SIGNIFICA "TELEBASURA"?

3.1.1. Relaciona los programas con su definición.

1. Documentales 2. Telenovelas 3. Concursos 4. Noticieros •

• **España:** *informativos*

(3) **a.** Programas en que las personas compiten por un premio.

(2) **b.** Series, normalmente latinoamericanas, hechas con pocos medios, que hablan de poder, amor y dinero.

(1) **c.** Cuentan cómo viven los animales salvajes, cómo es una cultura determinada, etc.

(4) **d.** Noticias de actualidad. Lo que pasa en el mundo.

3.1.2. Lee las siguientes palabras y pregunta a tu compañero el significado de las que no entiendes o búscalas en el diccionario.

Un medio de comunicación	Una programación	Un anuncio de publicidad /comercial
Un canal	La audiencia	Un documental
El telespectador	Una película	El oyente
Una cadena	Un concurso	Un subscriptor •
Una emisora	Un debate	

• **España:** *abonado*

3.1.3. 👤 📖 **Ahora, lee este texto sobre los medios de comunicación en México. Anota la idea principal de cada párrafo.**

La televisión y el radio

• **Argentina:** *la radio* • **España:** *la radio*

1 Actualmente, en México existen canales nacionales, locales y regionales. Los principales nacionales son: *Televisa* (Canal 2 y 5), *TV Azteca* (Canal 7 y 13), y *Cadena Tres*. También hay televisoras universitarias: *TV UNAM* y *Canal 22* de la *UNAM*, y *Once TV* del *IPN*. Los canales públicos son el *Canal del Congreso* y el *Canal Judicial*, donde se pueden ver las actividades que realizan el poder legislativo y judicial respectivamente. También son públicos *TVeduca* y el canal *ILCE* que son educativos. De las cadenas privadas existen canales regionales y locales por estado y por algunas ciudades principales del país.

idea principal: *En Mexico existen Actualment canales*

2 En principio, se podría pensar que la calidad está en la variedad, pero esta no es la opinión de muchos mexicanos. Hoy, la televisión es criticada por parte del público. Es frecuente oír hablar de *Telebasura* para definir la calidad de las programaciones de las distintas cadenas. El problema está, por una parte, en la dura competencia que hay entre ellas para conseguir el número uno en audiencia y, por otra, en que se olvida que la televisión es un medio importante para transmitir cultura y conocimiento.

Así pues, algunos telespectadores están hartos de películas malas, de programas para llorar –*reality shows*–, de concursos para tontos y, por último, no soportan las agresiones publicitarias.

idea principal: *los Mej. no están contentos con la TV y quieren un cambio*

3 Sin embargo, la televisión mexicana también tiene programas interesantes. La cadena que nos ofrece mayor número de emisiones de calidad es el *Canal 22*, dedicado a espacios culturales, educativos, buenos documentales sobre el mundo y un original y excelente programa de noticias en la noche; también hay ciclos de cine tanto mexicano como extranjero y algunos de los cineastas son: Luis Buñuel, Federico Fellini, etc.

idea principal:

4 En cuanto al radio, hay numerosas emisoras para todos los gustos, pero las de mayor audiencia son: *La hora nacional, Radio Red, W Radio, Ke Buena, Radio Fórmula* e *Imagen*. Estas emisoras ofrecen programas variados: noticias, programas de entretenimiento, concursos, debates y música. Los programas más importantes son los matinales, que empiezan a las seis de la mañana y duran hasta mediodía.

idea principal:

5 El programa líder es *Imagen Informativa*, de Pedro Ferriz de Con, donde se dan las últimas noticias, se hacen entrevistas a personajes de actualidad, debates, espacios humorísticos y, sobre todo, se emiten opiniones del público oyente. Otro programa alternativo y original es *El Hueso* en *W radio*, un trío de periodistas que cuentan las noticias transformándolas con una gran dosis de humor.

idea principal:

6 Por otra parte, hay cadenas especializadas en música, como *Los 40 principales, Digital* (99.3), *Amor* (solo música romántica moderna), *Ke Buena* (música popular-Banda, Mariachi, Norteño), *Exa FM* (música latinoamericana), *El fonógrafo* (música de tríos que hicieron época en la música romántica mexicana). También hay emisoras especializadas en dar noticias, *Radio Red*, otras abordan temas económicos (*Negociando en la red*), otras los deportes (*Carrusel Deportivo*).

idea principal:

3.1.4. Vuelvan a leer el texto y clasifiquen.

Cadenas de televisión	Emisoras de radio	Programas

Para referirse a un nombre que ha aparecido anteriormente en el discurso, puedes usar:

- Nombre + **que** + frase — **Ejemplo:** *Una emisora de radio **que** solo pone música clásica.*

Si el nombre es un lugar, puedes usar:

- Nombre + **donde** + frase — **Ejemplo:** *Es el restaurante **donde** comemos después de clase.*

3.2. Relaciona y localiza las frases en el texto de los medios de comunicación.

1. La cadena
2. Los programas
3. Periodistas
4. El programa

\+ que / donde

a. cuentan las noticias con gran dosis de humor.
b. acostumbran empezar a las siete y duran hasta mediodía.
c. nos ofrece emisiones de calidad.
d. se dan las últimas noticias.

• **España:** *suelen*

3.3. ¿Qué programa es? Piensa en un programa de radio o televisión. Descríbelo sin decir de cuál es. A ver si tus compañeros lo adivinan.

Ejemplo: *Es un programa **que** tiene mucho éxito y **donde** los participantes cantan...*

Tarea cuando este en moodle

3.4. [2] Esta grabación habla de los latinos y su relación con los medios de comunicación. Decide si las siguientes afirmaciones son verdaderas o falsas. Justifica tus respuestas.

	Verdadero	Falso
1. El autor se despierta oyendo el radio.	X	
2. En el coche, cuando va al trabajo, oye música.		X
3. Lee la prensa en la noche.		X
4. La revista semanal que compra tiene noticias diferentes.		X
5. Para el autor, la realidad es como una novela.		X
6. La información del mundo ocupa el tiempo de las personas e impide que piensen en su vida y su realidad.	X	
7. Aquí el verbo *dominar* es sinónimo de *controlar*.	X	

3.5. Haz este test a tu compañero y comparen después sus resultados. ¿Cuántos teleadictos hay en clase?

¿Eres teleadicto?

La televisión se ha convertido casi en un objeto de primera necesidad. Es muy distinto utilizarla de forma adecuada a depender de ella. ¿Tienes tú el mismo problema?

1. **¿Acostumbras retrasar tu hora de acostarte para terminar de ver la película?**
   - [ ] **a.** Nunca; si tengo sueño, me voy a dormir.
   - [ ] **b.** Alguna vez, si es muy buena y/o no tengo que levantarme temprano.
   - [ ] **c.** No me gusta, pero me pasa con frecuencia.
2. **¿Crees que ver la televisión es una forma de pasar la tarde de los sábados?**
   - [ ] **a.** Sí, eso hago normalmente.
   - [ ] **b.** No, pienso que es una forma de perder el tiempo.
   - [ ] **c.** Sí, si no tengo nada que hacer, hace mal tiempo o estoy enfermo.
3. **¿Cuándo ves la televisión?**
   - [ ] **a.** Cuando hay un programa que me interesa.
   - [ ] **b.** Nunca o casi nunca.
   - [ ] **c.** Cuando estoy en casa.
4. **¿No vas al cine, no sales con los amigos, no trabajas, no haces deporte, no platicas con la familia o no estudias para poder ver la televisión?**
   - [ ] **a.** Nunca.
   - [ ] **b.** Alguna vez, sobre todo si estoy cansadísimo/a.
   - [ ] **c.** Sí, pero es que no puedo evitar verla.
5. **¿Se enojan contigo porque ves demasiado la tele?**
   - [ ] **a.** No, al contrario. Me dicen que estoy desconectado.
   - [ ] **b.** Sí, es verdad, a veces tienen razón.
   - [ ] **c.** No, no se enojan.
6. **¿Cómo eliges los programas que ves en la televisión?**
   - [ ] **a.** O ya los conozco o veo la programación en el periódico.
   - [ ] **b.** No selecciono porque casi no veo la tele.
   - [ ] **c.** Hago *zapping* hasta encontrar algo que me gusta.
7. **¿Cuánto tiempo al día pasas viendo la tele?**
   - [ ] **a.** Varias horas.
   - [ ] **b.** Prácticamente nada.
   - [ ] **c.** Más o menos lo que dura una película.

Predominio de a: Tú eres todo lo contrario a un teleadicto, casi odias la televisión. Te parece inútil, aburrida, una pérdida de tiempo o simplemente mala. Pero como todo el mundo la ve, a veces te encuentras un poco fuera de onda.

Predominio de b: Formas parte de ese grupo que usa adecuadamente la televisión. Es para ti una forma de ocio o fuente de información y sabes lo que quieres ver.

Predominio de c: Desgraciadamente, estás atrapado por la televisión. Pierdes demasiado tiempo y abandonas otras cosas por estar delante del televisor, entonces no disfrutas ni aprendes nada. ¿Por qué no haces otras cosas?

3.6. [3] **Lee las siguientes opiniones. Después, escucha y relaciona la opinión con el diálogo.**

	diálogo
1. Los únicos programas interesantes de la tele son los deportes y los noticieros.	4
2. Le gustan los programas de chismes, los que hablan y muestran la vida de los demás.	3
3. No opina.	2
4. Dice que no tiene televisión.	5
5. No ve la tele demasiado, solo algunas películas y los noticieros.	1

3.7. Aquí tienen las imágenes desordenadas de una historia. En parejas deberán darles un orden y explicar su historia al resto de la clase.

3.7.1. **¿Qué moraleja pueden sacar de la historia que cuentan las imágenes? Den su opinión sobre la influencia de la televisión y sus consecuencias.**

Autoevaluación

1. ¿Qué dificultades tuviste en esta unidad?

¿Dónde encontraste dificultad?

- ☐ a. En la gramática ¿Por qué? ....
- ☐ b. En los textos ....
- ☐ c. En las grabaciones ....
- ☐ d. En las redacciones ....
- ☐ e. Otros ....

- Para comprender mejor un texto largo, recoge la idea principal de cada párrafo. Así tendrás una idea clara y ordenada de lo que lees. Puedes escribir la idea principal al margen, a la derecha del texto.
- Cuando no sabes una palabra en español, antes de traducir o buscar en el diccionario intenta definirla. Ahora puedes: *Es una persona que tiene muchos años, que es el padre de mi padre...*).

2. Responde a las siguientes preguntas. Te puede ayudar a aprender a aprender.

a. Comprendiste los textos escritos después de leerlos .... veces

b. Necesitaste la ayuda del diccionario y lo usaste ☐ Sí ☐ No

c. Comprendiste el sentido general de la grabación ☐ Sí ☐ No

d. Tuviste que leer la transcripción para entenderla ☐ Sí ☐ No

e. Antes de escribir el artículo hiciste un esquema ☐ Sí ☐ No

f. En esta unidad aprendiste bien:

☐ a escribir textos con sentido usando algunos nexos. ☐ el presente irregular.
☐ el léxico sobre el lenguaje juvenil. ☐ a dar opiniones.

g. Debes repasar:

☐ los nexos. ☐ el presente irregular. ☐ el léxico.

3. Después de estudiar la unidad, ¿puedes escribir un pequeño texto que resuma la forma de divertirse de los jóvenes mexicanos? Tienes que incluir los siguientes nexos:

y • pero • es decir • en resumen

Si escribes un esquema y elaboras un borrador de tus composiciones, tendrás menos faltas y podrás rectificar todo lo que quieras antes de hacer el texto definitivo.

EL MUNDO DE LAS TELENOVELAS

1. A continuación vamos a hablar de las telenovelas, pero ¿saben qué es? Lean las siguientes palabras, señalen con (✓) aquellas que estén relacionadas y escriban una definición.

lágrimas ○ odio ○ **cine** ○ **realidad** ○ **ficción** ○ amor ○ **televisión** ○

comedia ○ origen en España ○ origen en Latinoamérica ○ drama ○ **poesía** ○ **ricos** ○

pobres ○ igualdades sociales ○ desigualdades sociales ○ **final trágico** ○ final feliz ○

La telenovela es un programa o serie de televisión producido ....

....

2. [4] Un conocido productor de telenovelas llega a México para dar a conocer su último trabajo y concede una entrevista a una radio nacional. Escúchala con atención.

2.1. Subraya la opción correcta y comprueba las respuestas con tu compañero.

1. La telenovela se produce originariamente en México / diferentes países latinoamericanos.
2. Se transmite en episodios diarios / semanales.
3. El final es feliz a veces / siempre.
4. Uno de los países del mundo que más telenovelas consume es España / México.
5. *Yo soy Betty, la fea* es una telenovela colombiana / argentina.

2.2. Relaciona las columnas.

1) Argentina	a) culebrón
2) Colombia	b) teleteatro/tira
3) Chile	c) seriado
4) Venezuela	d) teleserie

2.3. Escucha de nuevo la entrevista y completa las frases.

1. Las telenovelas narran una historia ficticia de alto contenido ....
2. El final siempre es justo: .... y ....
3. Los mayores exportadores de telenovelas son ...., ..., ..., ... y ....
4. *Yo soy Betty, la fea* ha tenido tanto éxito que se han hecho muchas versiones en países tan diferentes como ...., ..., ... o ....

3. Los personajes de las siguientes fotos son los protagonistas principales de la exitosa telenovela colombiana *Yo soy Betty, la fea*. Lean las palabras del recuadro, escríbanlas debajo de la foto correspondiente, imaginen su argumento y resúmanlo brevemente.

▪ feliz ▪ presidente de la empresa ▪ novia de Armando ▪ celosa ▪ secretaria ▪ fea ▪ seductor ▪ diseñadora de moda ▪ guapa ▪ sencilla ▪ economista con postgrado en finanzas

Beatriz Pinzón

....

....

....

....

Armando Mendoza

....

....

....

....

Marcela Valencia

....

....

....

....

Argumento: "Yo soy Betty, la fea *es la historia de Beatriz Pinzón* ....

....

....

4. **Ahora lee el siguiente texto sobre *Yo soy Betty, la fea*. Comprueba si las respuestas anteriores son correctas y corrígelas en caso necesario.**

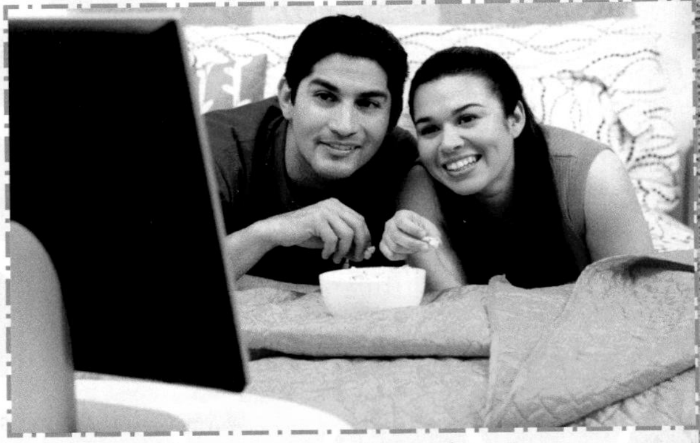

Yo soy Betty, la fea es la historia de Beatriz Pinzón Solano, una joven cuyas cualidades profesionales la convierten en la trabajadora más ejemplar de Ecomoda, una de las empresas de moda más grandes y prestigiosas del país. Es inteligente, trabajadora y muy eficaz pero también muy fea y a pesar de que es economista y tiene un postgrado en finanzas, trabaja como secretaria.

En Ecomoda conoce a Armando Mendoza, el presidente de la empresa, un hombre guapo y seductor de quien se enamora perdidamente. Sin embargo, para Armando Betty no existe como mujer, sino como la secretaria que le proporciona ideas brillantes y la cómplice que le maneja la agenda de citas clandestinas y que lo encubre ante su novia, Marcela Valencia. Marcela es todo lo contrario a Betty, una diseñadora de moda guapa y sofisticada que desprecia a Betty y siente muchos celos de su inteligencia.

Betty trabaja aislada del resto de sus compañeros, pero vive y sueña feliz porque ve todos los días a su jefe. Las cosas empiezan a cambiar cuando Armando atraviesa por serios problemas en la empresa y Beatriz está a su lado ayudándole en todo momento. Una noche Armando la besa apasionadamente... A partir de este momento, ya nada volverá a ser igual para ella. Ese beso cambia su vida y Betty se convierte en una persona diferente de cuerpo y alma.

5. **¿Escribiste algún argumento para *Yo soy Betty, la fea* diferente al del texto? Léanlo en alto y escojan el más original.**

Unidad 2

Contenidos funcionales

- Identificar, definir y describir personas, objetos y lugares
- Localizar personas, objetos y lugares
- Agradecer (por escrito)
- Presentar a otro
- Saludar, responder al saludo y despedirse. Poner excusas
- Manifestar cómo se encuentra uno
- Hablar por teléfono

Contenidos gramaticales

- Contraste *ser/estar*
- Verbos de movimiento con preposición *(a, de, en)*
  - *ir/venir*
  - *irse/llegar*
- Complemento directo de persona; preposición *a*

Contenidos léxicos

- Léxico de las relaciones sociales

Contenidos culturales

- Saludar y despedirse
- Comunicación no verbal: gestos relacionados con el saludo
- Los "asustaniños" en el mundo hispano
- Literatura: Jaime Sabines

Nos conocemos

- La Fiesta de los quince años

1 ¿Está Pedro?

1.1. **Contesta las preguntas y comenta las respuestas con tus compañeros.**

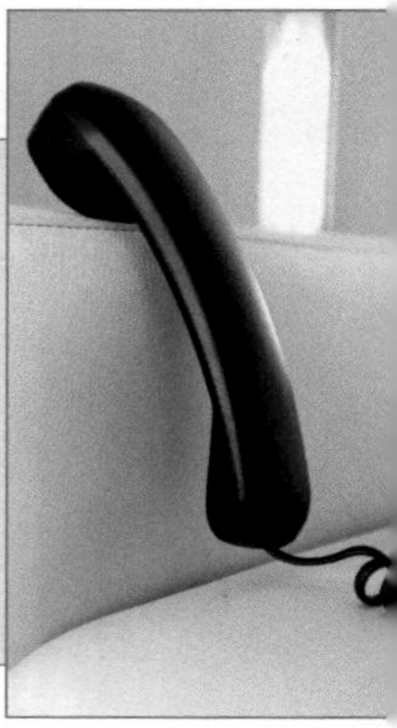

- ¿Te gusta hablar por teléfono?
- ¿Has hablado por teléfono en español alguna vez?
- ¿Qué dificultades tienes en una conversación telefónica?
- Además del teléfono, ¿qué medios usas con frecuencia para comunicarte con amigos y familiares?
- ¿Crees que el teléfono puede sustituir una conversación en persona?

1.2. **Las siguientes frases y expresiones son fórmulas que usamos habitualmente cuando hablamos por teléfono. Con tu compañero, clasifícalas en el cuadro según su función dentro de la conversación.**

- ☐ Nos vemos el jueves
- ☐ Hola
- ☐ Buenos días
- ☐ Bueno, te dejo
- ☐ ¿Bueno? •
- ☐ ¿Sí?
- ☐ Hasta luego/el martes
- ☐ Pues eso es todo. Muchas gracias
- ☐ ¿Está Javier?
- ☐ Buenas tardes, ¿podría hablar con la Sra. Rodríguez?
- ☐ ¿Se encuentra Marga?
- ☐ ¿De parte de quién?
- ☐ ¿Quién lo llama?

• **Argentina:** *¿Aló?*

• **España:** *¿Diga/Dígame?*

Saludar	Despedirse	Contestar al teléfono	Preguntar por alguien	Preguntar por la identidad de la persona que llama

1.3. [5] **Vas a escuchar una conversación telefónica, pero antes completa el diálogo con algunas de las expresiones del ejercicio 1.2. ¿Coincide tu versión con la grabación?**

▷ ....

► ¡Hola!, soy Nuria.

▷ ¡Qué milagro! Nuria, ¿cómo estás?

► Bien, bien. En la loquera..., ya sabes..., como siempre. ¿Y tú?, ¿qué tal?

▷ Pues yo, ahora, estoy mucho más tranquila. ¡Ah!, claro, no lo sabes, pero ya estoy trabajando desde la casa y la verdad es que es más relajado. Me encanta.

► ¡Qué bueno! Oye, ...

▷ No, no está. Todavía no llega. Seguro que está aún en la oficina, ¿le digo algo?

► Que es muy mala onda y que me llame alguna vez, que soy su hermana.

▷ OK. Oye, ¿vienes el sábado a comer?

► No, no, vengan ustedes a la casa, que tengo una sorpresa...

▷ ¡Uy!, ¡qué misterio! De acuerdo, ... el sábado.

1.3.1. Subraya todos los verbos *ser* y *estar* del texto y fíjate con qué palabras aparecen. Después, completa el cuadro con tu compañero y tendrán los usos de *ser* y *estar*.

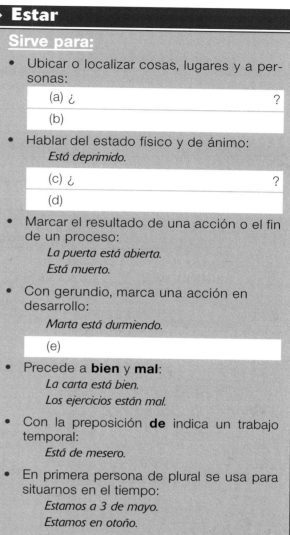

Ser

Sirve para:

- Identificar:
  - *Soy Nuria.*
  - (1)
- Decir la nacionalidad:
  - *Es colombiano.*
- Decir la profesión:
  - *Somos médicos.*
- Hablar de características inherentes a una cosa, lugar o persona:
  - *El cielo es azul.*
  - *Buenos Aires es grande.*
  - *Mi amiga es alta.*
- Valorar un hecho, una cosa o a una persona:
  - *Trabajar en casa es más relajado.*
  - (2)
  - (3)
- Decir la hora:
  - *Son las diez de la mañana.*
- Marcar una fracción o periodo de tiempo:
  - *Es de día.*
  - *Es lunes.*
  - *Es primavera.*
- Referirse a dónde o cuándo se celebra un acontecimiento o suceso:
  - *La fiesta es en mi casa.*

Estar

Sirve para:

- Ubicar o localizar cosas, lugares y a personas:
  - (a) ¿ ?
  - (b)
- Hablar del estado físico y de ánimo:
  - *Está deprimido.*
  - (c) ¿ ?
  - (d)
- Marcar el resultado de una acción o el fin de un proceso:
  - *La puerta está abierta.*
  - *Está muerto.*
- Con gerundio, marca una acción en desarrollo:
  - *Marta está durmiendo.*
  - (e)
- Precede a **bien** y **mal**:
  - *La carta está bien.*
  - *Los ejercicios están mal.*
- Con la preposición **de** indica un trabajo temporal:
  - *Está de mesero.*
- En primera persona de plural se usa para situarnos en el tiempo:
  - *Estamos a 3 de mayo.*
  - *Estamos en otoño.*

1.4. Tira el dado y di si la frase es correcta.

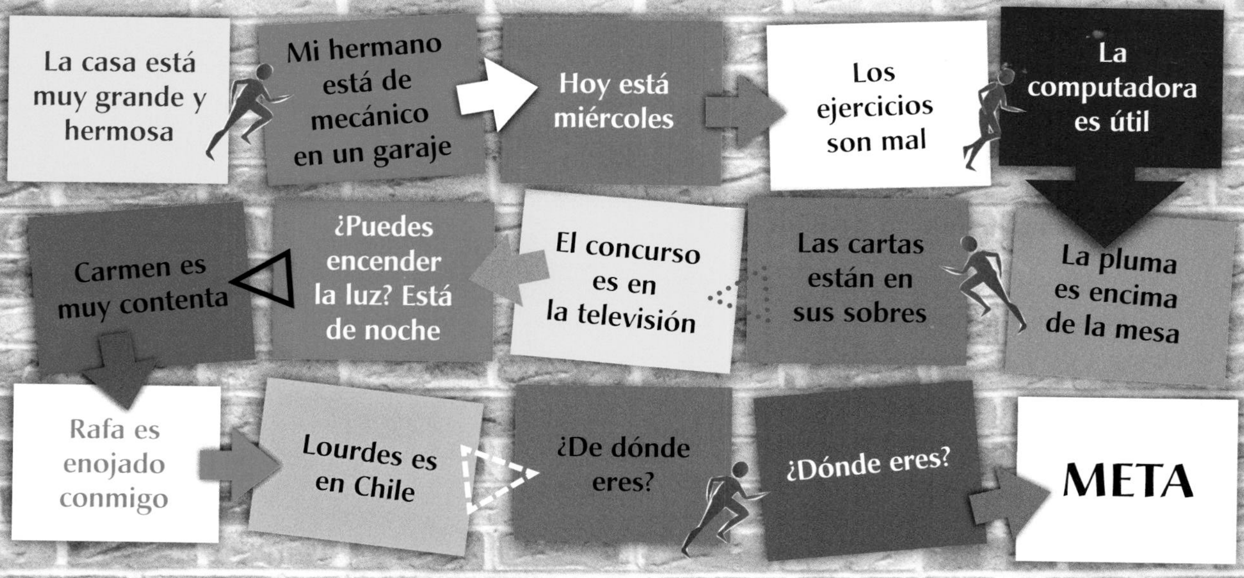

La casa está muy grande y hermosa
Mi hermano está de mecánico en un garaje
Hoy está miércoles
Los ejercicios son mal
La computadora es útil
La pluma es encima de la mesa
Las cartas están en sus sobres
El concurso es en la televisión
¿Puedes encender la luz? Está de noche
Carmen es muy contenta
Rafa es enojado conmigo
Lourdes es en Chile
¿De dónde eres?
¿Dónde eres?
META

1.5. **En español, podemos decir que alguien *es bueno* o *está bueno*. Fíjate en la diferencia: una persona *es buena* cuando tiene un carácter dulce y buenos sentimientos. Se dice que una persona *está buena* cuando es guapa o atractiva.**

> Muchos años después, la experiencia me enseñó a agradecerle al idioma que hablo la clara diferencia que establece entre el verbo *ser* y el verbo *estar*, porque, desde luego, no es lo mismo ser una tía• buena que ser una tía que está buena, pero en aquella época yo tenía todas las ventajas, porque a nadie le impresionan las chicas de dieciséis años y medio, y normalmente todas las adolescentes son guapas (...) y no tenía demasiado tiempo para pensar porque me estaba jugando el examen de Historia.
>
> Adaptado de *Atlas de geografía humana*, Almudena Grandes.

• **Argentina:** *chica* • **México:** *chava*

1.5.1. **Ahora, coloquen los adjetivos en su lugar y tendrán la diferencia de significado con *ser* o *estar*.**

malo/a • listo/a • claro/a • verde • negro/a • ~~bueno/a~~ • rico/a • cerrado/a • abierto/a

Ser		Estar
Una cosa de buena calidad > Una persona honesta >	bueno/a	< Una comida o producto de buen sabor < Una persona atractiva
Una persona inteligente >		< Una persona o cosa que está preparada para algo
Color de las plantas y otras cosas >		< Algo inmaduro o alguien inexperto
Algo que es evidente >		< Una explicación o concepto sencillo
Persona con mal carácter y malas intenciones > Cosa de mala calidad >		< Persona enferma < Cosa en malas condiciones, estropeada < Alimento de mal sabor
Persona extrovertida, comunicativa, tolerante y sociable >		< No está cerrado < Resultado de la acción de abrir
Persona con mucho dinero >		< Alimento con mucho sabor
Persona introvertida >		< Objeto o lugar que no está abierto < Resultado de la acción de cerrar
Color de la noche y otras cosas >		< Estar muy bronceado después de tomar el sol < Estar sucio, no limpio

1.5.2. **Transforma las frases utilizando las expresiones estudiadas en el ejercicio anterior manteniendo su significado.**

1. *Marga es una persona sociable y tolerante.* ....
2. *Jaime se puso muy moreno.* ....
3. *No sé nada de Matemáticas.* ....
4. *Los jitomates todavía no están maduros.* ....
5. *Estamos preparados para empezar.* ....
6. *Juanito tiene gripa.* ....

CONTINÚA

7. *Son las nueve y la tienda abre a las diez.* ....
8. *Es evidente que no podemos esperar.* ....
9. *Tu hijo es muy introvertido, ¿no?* ....
10. *Este pescado es de muy buena calidad.* ....

1.5.3. **Estás buscando pareja porque te encuentras muy solo. Describe cómo eres tú y la persona que buscas.**

Tú

Nacionalidad: ....
Profesión: ....
Características físicas y de carácter: ....
....
....
Estado físico y de ánimo: ....
....
....

La persona que buscas

Nacionalidad: ....
Profesión: ....
Características físicas y de carácter: ....
....
....
Estado físico y de ánimo: ....
....
....

1.5.4. **Ahora, busca en la clase a ver si encuentras a esa persona ideal.**

De **dónde** venimos **adónde** vamos 2

2.1. **Lee las frases y relaciona preguntas y respuestas.**

1. ¿De dónde vienen?
2. ¿Adónde van a ir en primer lugar?
3. ¿Cómo llegaron hasta aquí?

a. A la playa.
b. En avión.
c. De Estados Unidos.

Verbos de movimiento con preposición *a/de/en*

- **ir + a:** dirección.
  Voy ***a*** *Cuernavaca el sábado.*
- **irse + de:** abandono de un lugar.
  Me voy ***de*** *Acapulco el domingo.*
- **ir + en:** medio de transporte. Excepto ***ir a pie***.
  Voy ***en*** *metro porque es más barato.*
- **llegar + a:** destino.
  Llego ***a*** *Guadalajara el sábado.*
- **venir + a:** destino, que coincide con el lugar donde está o va a estar la persona que habla.
  Rosa: Pepe viene ***a*** *Cuernavaca el sábado.*
  [Rosa está (o va a estar) en Cuernavaca].
- **llegar/venir + de:** origen.
  El avión que acaba ***de*** *aterrizar llega/viene* ***de*** *Los Ángeles.*

2.2. **Sitúate en un punto del plano y elige tres lugares a los que vas a ir. Explícale a tu compañero de dónde sales, adónde vas y cómo vas.**

Ejemplo: *Salgo de la biblioteca y voy en metro al cine, luego...*

2.3. **Haz estas preguntas a tu compañero y anota sus respuestas.**

¿De dónde vienes cuando llegas a la escuela?
¿A qué hora te vas de la escuela?
¿Vienes a la escuela hoy en la tarde?
¿Cómo vienes a la escuela?
¿Vas a Cuernavaca el sábado?
¿A qué hora llegas a clase?
¿De dónde viene tu nombre?

2.4. Escriban frases con *ir, venir, llegar* y las preposiciones *a, en, de*. Sus compañeros tendrán que decir si las frases son correctas o no.

2.5. Tu compañero está un poco sordo. Haz como en el ejemplo.

Ponemos la preposición ***a*** delante de un complemento directo de persona. También con el pronombre interrogativo *quién, quiénes*.

- *Ayer vi **a** tu papá.*
- *¿**A** quién?*
- ***A** tu papá.*

alumno a

1. Voy a buscar a mi hermano al aeropuerto.
2. Esta tarde veo a unos amigos.
3. ¿Llamas a tus papás?

alumno b

1. Todos los días traigo a Sergio en el carro.
2. ¿Acompañas a Luis a la puerta?
3. Siempre me encuentro a mis tíos en el cine.

Relaciones **sociales** 3

3.1. Lee esta carta de agradecimiento.

México, 25 de abril

Querido Pancho:

Muchísimas gracias por el regalo; me encanta. Los llevo a todas partes, solo me los quito cuando me baño. ¿Cómo supiste que necesitaba unos?

Fue realmente una sorpresa, de verdad. Gracias.

Un saludo y hasta pronto,

Miguel

Cartas de agradecimiento

- **Fecha**
- **Saludo**
  Querido + nombre:
- **Fórmulas para agradecer**
  Gracias por...
  Te escribo para darte las gracias por...
- **Despedida**
  Un beso y hasta pronto,
  Un saludo,

3.2. Lean otra vez la carta. ¿Qué era el regalo? Aquí tienen una pista: Pancho sabe que a Miguel le encanta escuchar música en todas partes.

3.3. Escribe ahora tú una carta de agradecimiento por un regalo que recibiste, pero no menciones qué es. Tus compañeros tienen que adivinar de qué regalo se trata.

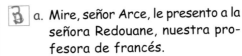

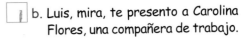

3.4. Relacionen las frases con las fotos.

1.
Mucho gusto.
Encantada.

2.
Hola.
Hola,
¿qué tal?

3.
El gusto es mío.
Mucho gusto,
señora Redouane.

4.
¿Qué hay?
¿Cómo estás?
Hola, ¿qué tal?

3 a. Mire, señor Arce, le presento a la señora Redouane, nuestra profesora de francés.

1 b. Luis, mira, te presento a Carolina Flores, una compañera de trabajo.

4 c. ¿Qué tal, Jorge? Mira, te voy a presentar a un chavo buenísima onda.• Luis... Jorge.

• **España:** *majo*

2 d. Mira, Fernando, esta chava tan simpática es Sofía, mi compañera de apartamento.

Para presentar de manera informal, usa:

- *(Mira)*, ***este/a*** + ***es*** + nombre + relación que tienes con la persona presentada + (descripción de su carácter).

  Ejemplo: *Mira, esta es Olga, una amiga mía muy simpática.*

Para presentar de manera formal, usa:

- *(Mira)*, ***te presento a*** + nombre + relación que tienes con la persona presentada.

  Ejemplo: *Mira, te presento a Luis, un compañero de trabajo.*

- *(Mire)*, ***le presento a la Sra. /al Sr.*** + apellido + relación que tienes con la persona presentada.

  Ejemplo: *Mire, le presento a la Sra. Ramos, mi secretaria.*

Reacción a una presentación:

- Informal
  ¡Hola!
  ¡Hola!, ¿qué tal?
  ¿Qué hay?
- Formal
  Encantado/a.
  Mucho gusto.

3.4.1. Escucha y comprueba.

[6]

3.5. **Relaciona los adjetivos con sus contrarios.**

1 Interesante	a Simpático
2 Guapo	b Desagradable
3 Tímido	c Abierto
4 Amable	d Feo
5 Antipático	e Aburrido

3.6. **Describe el carácter de una persona de la clase. Tus compañeros tienen que adivinar de quién se trata.**

3.7. **Ahora, uno de ustedes va a presentar a otro, diciendo una cosa positiva de su carácter:**

Ejemplo: ► *Mira, te presento a Jaime. Es profesor de español, es muy amable.*
▷ *Hola, ¿qué tal? Yo soy Jane.*
► *Muchas gracias por el piropo. Hola, Jane, encantado.*

3.8. [7] **Escucha a Ana que habla sobre el saludo en Latinoamérica y ordena los fragmentos.**

Normalmente, cuando se saluda se dan un beso entre mujeres, y entre hombres y mujeres. Los hombres se dan la mano y se tocan en el hombro o en la espalda, dando palmaditas. También pueden hacer como que se pegan. Los hombres normalmente no se besan, excepto en Argentina, donde los hombres a veces se saludan de beso. Si se felicitan por algo se dan un abrazo, también en momentos de tristeza.

En Latinoamérica es normal tocar mucho a la persona cuando se le saluda, durante la conversación y al despedirse. Las distancias entre los interlocutores son menores que en otros países. Los latinoamericanos son muy expresivos.

Las mujeres, si son amigas o familia, pueden ir por la calle agarradas del brazo o tomadas de la mano. Los hombres pasean uno al lado del otro.
No existen los besos en los saludos muy formales u oficiales, tratos de negocios o personas muy mayores de diferentes sexos.

Es importante tener en cuenta que las despedidas son largas. Normalmente la gente se despide varias veces. Se usan frases como: *¡Hasta luego!, Nos estamos viendo, Estamos en contacto, Luego te llamo, Nos vemos mañana,* etc., para anunciar a la otra persona que la conversación está casi terminada y que va a despedirse.

3.9. **Lee ahora el texto y contrasta el saludo en Latinoamérica con el saludo en tu país. Después, cuenta a la clase las diferencias que hay.**

ⓘ Manifestar cómo se encuentra uno y responder al saludo

Saludar

Además de *Hola, ¿qué tal?; Buenos días, ¿cómo está/s?,* hay otras formas de saludar:

¿Qué hay?; ¿Cómo estás?; ¿Qué onda?; ¿Cómo te va?; Buenas...

☺

- *Genial*
- *De maravilla*
- *Súper*
- *Requetebién*•
- *Chido*

• **España:** *fenomenal*

¿Y tú?

😐

- *Bien*
- *Como siempre*
- *Aquí estamos*
- *Aquí pasándola*
- *Aquí/Ahí dándole*
- *Más o menos*
- *Así, así*

¿Y tú qué tal?

☹

- *Pues, no muy bien*
- *Desesperado*
- *Regular*
- *De la patada*•
- *Mal*

• **España:** *fatal, de pena*

¿Y a ti, qué tal te va?

ⓘ Despedirse

Se pueden dar diferentes situaciones:

- No sabes en qué momento volverás a ver a la otra persona:

  ¡Adiós! ¡Hasta luego! — *¡Nos vemos!*
  ¡Que te vaya bien! — *¡Hasta pronto!*
  ¡Hasta la vista!

- Volverás a ver a la otra persona en un futuro inmediato:

  ¡Hasta luego!
  ¡Hasta mañana/el domingo...!

- No sabes si volverás a ver a la otra persona en un futuro inmediato:

  ¡Hasta la próxima, y a ver cuándo nos vemos! — *¡Adiós! ¡Llámame!*
  ¡Hasta la vista! ¡Un día de estos te llamo!

3.9.1. [8] **Ahora, escucha a estas personas que se saludan y pon en el tipo de respuesta el saludo que oigas.** ☺ 😐 ☹

	1	2	3	4	5
Persona A	☺				
Persona B					

3.9.2. **Reacciona a los saludos de tu compañero y di cómo te encuentras, según el estado de ánimo que te indicamos más abajo.**

- Feliz
- Cansado
- Aburrido
- Agobiado por el trabajo
- Desesperado
- Apático
- Contento de encontrarte con un antiguo amigo
- ...

3.10. Más información sobre el saludo en Latinoamérica.

En Latinoamérica el saludo normalmente es el inicio de una conversación. Si la persona no tiene tiempo de pararse a hablar, le da al interlocutor múltiples excusas y explicaciones.

Para poner excusas y dar explicaciones, puedes usar:

Discúlpame, tengo muchísima prisa, luego te hablo...
Perdóname. (Ahorita) no puedo pararme a hablar, de veras. Es que...
Lo siento mucho, pero + explicar dónde vas o qué vas a hacer.
Lo siento mucho, pero cierra el banco y tengo que sacar dinero.

Si el saludo es a distancia, como por ejemplo de una acera a otra, o de un carro a otro, entonces utilizamos los gestos:

¡Ehhh! ¡Hola!
¿Qué tal?
Nos vemos luego.
Yo te hablo.

3.10.1. Vamos a saludar y a comunicarnos con gestos. Cada uno de ustedes tiene unas situaciones que debe interpretar y, luego, reaccionar ante la interpretación de su compañero.

alumno a

- ★ Estás en el andén del metro y ves a tu compañero en el andén de enfrente. Lo saludas para captar su atención y le dices que luego lo llamas por teléfono.
- ★ Ves a lo lejos a un compañero que te saluda. Respóndele.
- ★ Pide a tu compañero por señas que te llame después, a las tres de la tarde.
- ★ Sales de una cafetería y ves a un antiguo amigo que te hace señas desde la parada del camión. Intenta interpretar sus movimientos y contesta también por señas a lo que crees que dice.
- ★ Estás en un bar lleno de gente. Ves a lo lejos a un amigo, pero no te puedes acercar a él. Te mira y entonces tú lo saludas, le dices que lo verás más tarde.

CONTINÚA

alumno b

★ Estás en el metro. De repente ves a tu compañero en el otro andén. Te hace señas, ¿qué te dice? Contéstale.

★ Vas caminando por la calle y ves a lo lejos a tu compañero. Salúdale.

★ Dile a tu compañero que de acuerdo, que lo llamas a las tres.

★ Estás en la parada del camión y ves a un antiguo amigo al otro lado de la calle. Le saludas, le dices que lo llamarás más tarde y que como viene el autobús le dices que te tienes que ir y te despides.

★ Estás en un bar lleno de gente. Un amigo te saluda desde lejos. Interpreta sus gestos y respóndele.

Autoevaluación

1. ¿Conoces los signos de puntuación? Relaciona cada signo con su nombre.

1	,	a	punto y coma
2	;	b	punto
3	:	c	guion
4	.	d	dos puntos
5	¿ ?	e	coma
6	¡ !	f	exclamación
7	( )	g	paréntesis
8	" "	h	interrogación
9	–	i	comillas

2. Puntúa el siguiente diálogo.

Alberto Hola Sofía qué tal
Sofía Alberto qué sorpresa bien bien y tú
Alberto Genial
Sofía Mira esta es Marga es mi prima
Alberto Hola
Marga Hola

3. Elige la opción correcta.

1. La mesa .... de madera.
   ☐ **a.** es ☐ **b.** está
2. .... todos bien, gracias, no te preocupes.
   ☐ **a.** Somos ☐ **b.** Estamos
3. No tienes que decir nada, ... claro que el problema no es tuyo.
   ☐ **a.** es ☐ **b.** está
4. ¿...................... dónde vienes?
   ☐ **a.** A ☐ **b.** De ☐ **c.** En
5. Mi hermano viaja siempre .... carro.
   ☐ **a.** a ☐ **b.** de ☐ **c.** en
6. Te espero .... el café.
   ☐ **a.** a ☐ **b.** de ☐ **c.** en
7. No vemos .... tus padres desde hace tiempo.
   ☐ **a.** a ☐ **b.** de ☐ **c.** en

4. Encuentra el intruso. Justifica tu respuesta.

a checo • inteligente • contento ingeniero • náutico

b enojado • deprimido • alegre acabado • enfrente

c a • de • en • y • por

d genial • chido • de maravilla • súper • más o menos

LA FIESTA DE LOS QUINCE AÑOS

Tarea

1. ¿Han oído hablar alguna vez de la *Fiesta de los quince años*? Comenten qué tipo de fiesta es y en qué países de habla hispana se celebra.

2. Las siguientes frases están relacionadas con la *Fiesta de los quince años*. Léanlas y marquen si son verdaderas o falsas. Justifiquen su elección.

Antes de leer los textos: Verdadero	Antes de leer los textos: Falso		Después de leer los textos: Verdadero	Después de leer los textos: Falso
☐	☐	**1.** Es una fiesta celebrada en todos los países de Latinoamérica.	☐	☐
☐	☐	**2.** Es una fiesta que se celebra tan solo en España.	☐	☐
☐	☐	**3.** Se celebra el quince cumpleaños de la chica de la familia.	☐	☐
☐	☐	**4.** Se trata de una fiesta muy íntima y familiar, en la que apenas hay invitados.	☐	☐
☐	☐	**5.** La fiesta tiene un marcado carácter social. Se celebra la transición de niña a mujer de la quinceañera y su presentación en sociedad.	☐	☐
☐	☐	**6.** La fiesta tiene unos rituales muy marcados que se celebran de la misma manera en todos los países.	☐	☐

3. En los siguientes correos, dos chicas procedentes de dos países latinoamericanos le escriben a su amiga española, María, para explicarle la celebración de la *Fiesta de los quince años* en sus respectivos países. Léelos con atención, comprueba tus respuestas anteriores y corrígelas en caso necesario.

De: ceciliaianni@yahee.com   Para: mariagarcia@yahee.es

Hola María:

¿De verdad que no sabes en qué consiste la *Fiesta de los quince años*? En Argentina es muy popular, cuando cumplí quince años yo celebré la mía y la recuerdo con mucho cariño. Es una fiesta dedicada exclusivamente a la chica de la familia que cuando cumple esta edad, se presenta en sociedad. La celebración tiene muchas partes, pero yo te voy a contar las que más me gustan.

Una de los más emocionantes es la entrada de la quinceañera vestida como una princesa, con un vestido largo y de tonos claros, del brazo de su papá para a continuación bailar el primer *vals*. También, hay otro momento muy bonito que no se celebra en muchos países pero sí en Argentina: *la ceremonia de las quince velas*. Se realiza después del postre y en ella la chica tiene que escoger a las quince personas con las cuales ha compartido los momentos más importantes de su vida; cada uno de los elegidos enciende una vela y pide un deseo en silencio para ella. Para finalizar, la quinceañera le dedica unas frases de agradecimiento a cada uno. Las quince velas se ordenan en una maqueta o decoración especial preparada para este evento. Esta ceremonia se conoce también como *El árbol de la vida*...

Actualmente muchas agencias se encargan de organizar el viaje de los quince años, y entre los destinos más escogidos está Disneyworld.

Por cierto, mañana es la *Fiesta de los quince años* de mi hermana pequeña y tenemos muchas sorpresas preparadas. ¡Prometo escribirte pronto para contártelas!

Un beso,
Cecilia

De: gabrielagomez@yahee.com Para: mariagarcia@yahee.es

Querida María:

Me imagino que para ti la *Fiesta de los quince años* es algo bastante desconocido porque en España apenas se celebra. En muchos países de Latinoamérica como Argentina, Cuba, México, Perú, República Dominicana, Venezuela, etc., es una tradición muy popular en la que todas las muchachas sueñan con el día en que se cumplen quince años. Las celebraciones de esta fiesta varían un poco según el país; yo te voy a contar cómo se celebra en el mío, México…

Es como una iniciación social parecida a los bailes para debutantes de los nobles ingleses y la alta burguesía francesa del s. XIX. A los quince o dieciséis años las muchachas iban a su primera presentación en sociedad, en México lo hacen muchachas ricas y pobres.

La celebración tiene dos partes: el Tedeum, que es una misa de agradecimiento en la iglesia; y la fiesta que puede ser en casa de la familia, en el patio común de la vecindad, en un jardín privado o en un salón de fiestas. A veces, la celebración empieza en la madrugada con una serenata en casa de la quinceañera, normalmente con un grupo de mariachis, después el camino a la iglesia que se puede hacer andando acompañada de familia o amigos, en coche antiguo o incluso en una limusina. Luego viene la fiesta con los quince chambelanes (amigos que acompañan a la quinceañera), el brindis y el vals.

Para mí, el momento más lindo es cuando tiene lugar el baile de vals de la última muñeca; el padre de la quinceañera le regala a esta una muñeca de porcelana, símbolo de la última muñeca que recibirá de regalo, pues ha dejado de ser una niña.

Por cierto, María, en el mes de julio mi prima Elena celebra su fiesta de los quince años. ¿Por qué no vienes? ¡Anímate, será muy divertido!

Un abrazo,

Gabriela

4. **Observa las siguientes fotos y escribe el momento de la *Fiesta de los quince años* al que se refieren.**

1. ....
2. ....
3. ....
4. ....

5. [9] **A continuación, María da su opinión sobre la celebración de la *Fiesta de los quince años*. Escúchala con atención y completa las frases.**

1) A María le parece muy raro celebrar .... de esta manera.
2) El festejo de la *Fiesta de los quince años* sigue todos los rituales de una boda tradicional: ...., ..., ... y ....
3) Antiguamente en España, se celebraban .... a los dieciocho años. Era una forma de presentar a las jóvenes en sociedad.
4) La ceremonia de las quince velas, también llamada .... conlleva mucha simbología: ....
5) A María, el vals de la última muñeca le parece ....

6. **¿Y a ustedes qué les parece esta tradición? ¿Están de acuerdo con la opinión de María? ¿Existe en sus países alguna fiesta similar? Coméntelo con sus compañeros.**

Unidad 3

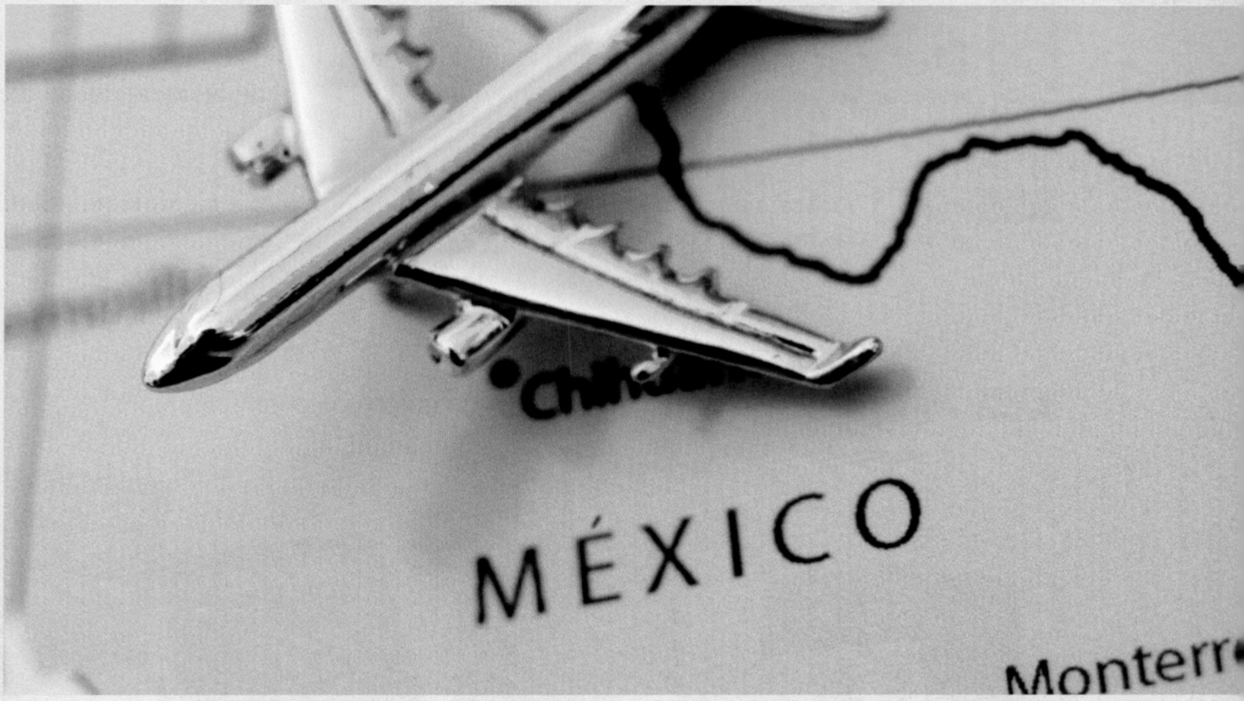

Contenidos funcionales

- Narrar acciones en pasado

Contenidos gramaticales

- Pretérito: morfología (formas regulares e irregulares) y usos
- *Volver + a +* infinitivo
- Marcadores temporales

Contenidos léxicos

- Los viajes
- Las vacaciones

Contenidos culturales

- Turismo en Cuba
- Los inmigrantes
- Canción *Clandestinos* de Manu Chao

Nos conocemos

- *Spanglish*

1 De **vacaciones**

1.1. **Vamos a encontrar la palabra escondida. Díganle a su profesor palabras de cinco letras relacionadas con el título de la sección.**

1.2. **¿Qué tienen que hacer antes de iniciar un viaje?**

Para viajar hay que...

1.3. **Lean la siguiente lista de palabras y marquen en el cuadro todas las palabras que son comunes al léxico del aeropuerto, la estación de tren y la terminal de autobuses.**

- ☒ el boleto •
- ☐ el chofer
- ☐ el maquinista
- ☐ la pista
- ☐ el andén
- ☐ la vía
- ☐ el pasajero
- ☐ la maleta •
- ☐ la taquilla •
- ☐ la aduana
- ☐ el piloto
- ☐ la dársena
- ☐ el vuelo
- ☐ la litera
- ☐ el viajero
- ☐ la máquina expendedora
- ☐ el equipaje
- ☐ la aeromoza •
- ☐ el asiento
- ☐ los baños
- ☐ el mostrador de información
- ☐ el mostrador de líneas aéreas
- ☐ la documentación de equipajes
- ☐ la pantalla/el monitor de salidas y llegadas
- ☐ la puerta de embarque
- ☐ el control de pasaportes
- ☐ el equipaje de mano
- ☐ el coche cama
- ☐ la reservación •
- ☐ la máquina de refrescos

• **Argentina:** *la valija; boleteria o ventanilla*

• **España:** *el billete; la azafata; la reserva*

1.3.1. **Ahora, clasifiquen las palabras específicas de cada lugar.**

Aeropuerto	Terminal de autobuses	Estación de tren

1.4. Miren esta foto. ¿Qué ven? ¿Cuándo se sacó?

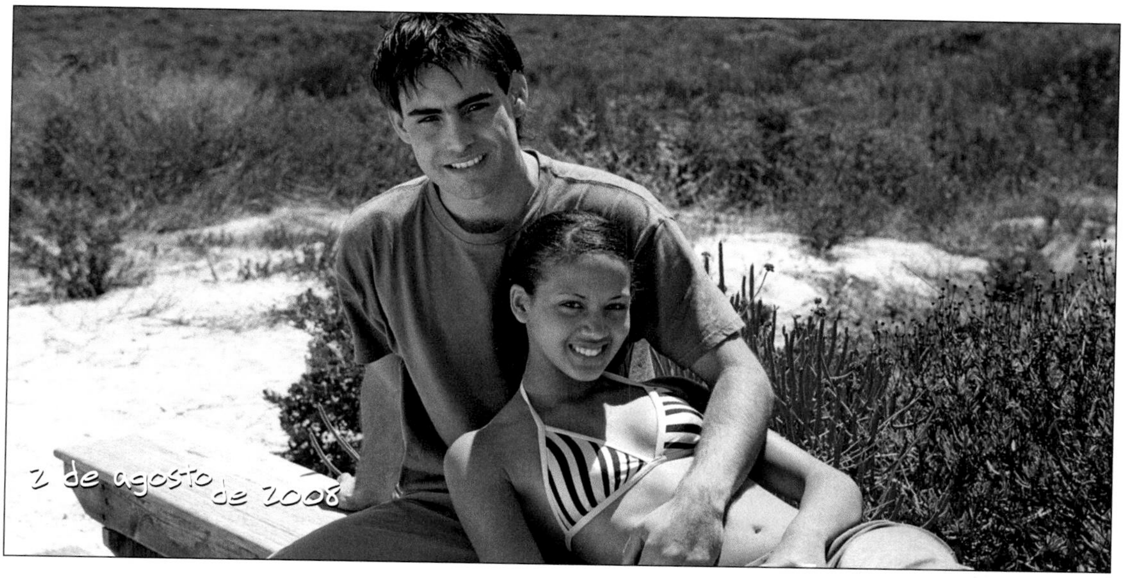

1.4.1. **Después de mirar la foto, imaginen el viaje que esta pareja hizo y completen las siguientes frases.**

La pareja **fue** a ....Mallorca...., **salió** de ....Londres.... y **llevó** ....4.... maletas.

El vuelo en avión **duró** ....2.... horas y **tuvieron** un ....Buen.... viaje. En este paradisíaco lugar **estuvieron** ....10.... días. **Se hospedaron** en ....Hotel.... de cinco estrellas. Como **hizo** ....Buen.... tiempo, **se bañaron** en ....el mar.... todos los días, pero **quisieron** practicar .... y no **pudieron** porque no había .... **Visitaron** .... y ....

Les **gustaron** mucho los restaurantes: **comieron** ....de todo.... y **bebieron** ....mucho.... Además **conocieron** a ....muchas personas.... Por eso la **pasaron** ....muy bien.

1.4.2. **¿Qué verbos en pretérito del texto anterior crees que son regulares? ¿E irregulares? Clasifícalos en las columnas de abajo.**

Verbos regulares
Salió
llevó
duró
se hospedaron
se Bañaron
visitaron
(gustaron) →
comieron
bebieron
conocer
pasaron

Verbos irregulares
Fue
Tuvieron
Estuvieron
Hizo
quisieron
poder

Para narrar acciones pasadas

- **Pretérito** •

  • **España:** *pretérito indefinido*

  ► Se utiliza para hablar de acciones pasadas que no tienen conexión con el presente del hablante:

  Ejemplo: *Anoche **estuve** en el cine.*
  ***Llegó** y **cerró** la puerta.*
  *Colón **llegó** a América el 12 de octubre de 1492.*

  ► Para expresar acciones pasadas de desarrollo prolongado, pero limitado y cerrado:

  Ejemplo: *La boda **duró** tres días.*

  ► Para expresar acciones que se han repetido en el pasado:

  Ejemplo: *El año pasado **estuve** cinco veces en México.*

- **Marcadores temporales**

  ► ***Ayer/Anteayer/Antier***
  ► ***La semana pasada***
  ► ***En 1998/agosto/verano***
  ► ***El mes/año/verano pasado***
  ► ***Hoy/Esta semana/Este mes***

Verbos regulares

	Verbos en -AR	Verbos en -ER	Verbos en -IR
Yo	viaj**é**	com**í**	sal**í**
Tú	viaj**aste**	com**iste**	sal**iste**
Él/ella/usted	viaj**ó**	com**ió**	sal**ió**
Nosotros/as	viaj**amos**	com**imos**	sal**imos**
Ustedes •	viaj**aron**	com**ieron**	sal**ieron**
Ellos/ellas/ustedes	viaj**aron**	com**ieron**	sal**ieron**

Verbos irregulares

Ser / Ir	Dar
fui	di
fuiste	diste
fue	dio
fuimos	dimos
fueron	dieron
fueron	dieron

• **España:** *Vosotros viajasteis, comisteis, salisteis, fuisteis, disteis*

Tarea

1.5. **Completa los cuadros con tu compañero.**

Estar	*Tener*	*Poder*	*Poner*
estuve			
			pusiste
estuvo			
	tuvimos		**pusimos**
estuvieron			
		pudieron	

CONTINÚA

Haber	*Saber*	*Caber*	*Andar*
hube	**supe**		
NO			**anduviste**
		cupo	**anduvo**
hubieron	**supieron**	**cupieron**	

Hacer	*Venir*	*Querer*	*Decir*
hice		**quise**	**dije**
	viniste		
hizo			**dijo**
		quisimos	
hicieron	**vinieron**		**dijeron**

Traer
traje
trajimos

- **España:** *Vosotros estuvisteis, tuvisteis, pudisteis, pusisteis, hubisteis, supisteis, cupisteis, anduvisteis, hicisteis, vinisteis, quisisteis, dijisteis, trajisteis*

Todos los compuestos de estos verbos se conjugan igual que sus correspondientes verbos simples: *convenir, rehacer, componer, contener, deshacer...*

convine... **re**hice...
compuse... **con**tuve...
deshice...

1.6. **Ordena los siguientes marcadores temporales del recuadro por orden cronológico según la fecha de hoy.**

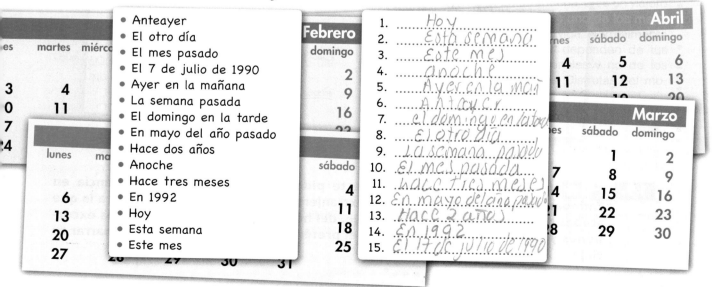

- Anteayer
- El otro día
- El mes pasado
- El 7 de julio de 1990
- Ayer en la mañana
- La semana pasada
- El domingo en la tarde
- En mayo del año pasado
- Hace dos años
- Anoche
- Hace tres meses
- En 1992
- Hoy
- Esta semana
- Este mes

1. Hoy
2. Esta semana
3. Este mes
4. anoche
5. Ayer en la mañ
6. Antayer
7. el domingo en la tard
8. El otro día
9. La semana pasada
10. El mes pasada
11. hace tres meses
12. En mayo del año pasado
13. Hace 2 años
14. En 1992
15. El 17 de julio de 1990

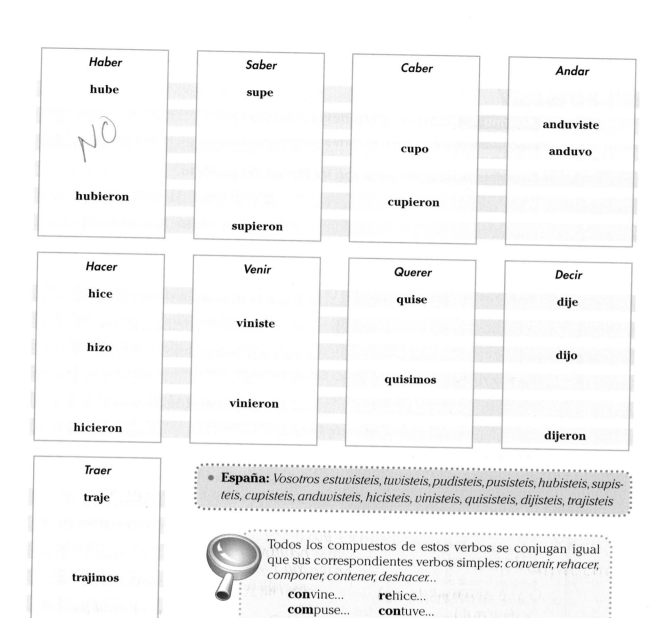

NO

2.1.1. Ahora, comenta los resultados con tu compañero. Cuéntale, después, cuál fue el peor viaje de tu vida.

SI

2.2. [10] **Escuchen la siguiente conversación y marquen lo que sea verdadero o falso. Justifiquen sus respuestas.**

	Verdadero	Falso
1. Elena y su pareja llegaron el sábado a la Sierra Tapalpa.		F
2. Elena se hospedó en un hostalito "con encanto".	V	
3. Visitaron la catedral de Guadalajara.		F
4. Paula fue a Puerto Vallarta.	V	
5. En la costa hizo muy mal tiempo.		F
6. Paula y su pareja tuvieron que pedir aventón.	✓	

Recuerda el uso principal de las preposiciones **a**, **en** y **de**:
- **a:** indica destino, dirección, movimiento
- **en:** indica lugar o medio de transporte
- **de:** indica origen

Ejemplo: *Salí* ***de*** *Guadalajara y fui* ***a*** *Toluca* ***en*** *autobús. Estuve* ***en*** *casa de unos amigos durante todo el fin de semana y volví el lunes* ***a*** *Guadalajara* ***en*** *avión.*

2.3.

alumno a

Averigua dónde fue tu compañero en las últimas vacaciones y qué tal le fueron. A continuación, tienes unas consignas para formularle preguntas adecuadas. Tu compañero tiene las respuestas.

1. Lugar de vacaciones
   ¿Adónde fuiste las últimas vacaciones?
2. Día de salida
   ¿qué día saliste?
3. Medio de transporte
   ¿cómo fuiste?
4. Duración del viaje
   ¿cuánto duró el viaje?
5. Personas que te acompañaron
   ¿con quién fuiste?
6. Hospedaje
   ¿Dónde te hospedaste?
7. Actividades
   ¿qué hiciste?
8. Duración de la estancia
   ¿cuánto tiempo estuviste
9. Valoración
   ¿te gustó el viaje?

alumno b

Contesta a tu compañero, de acuerdo a los símbolos que aparecen más abajo.

1.  Fui a Cancún.
2. 

3. 
4. 

5. 
6. 

7. 
8. 

9. 

NO

2.4. **Todo viajero que se precie tiene un cuaderno de viajes con fotos y recuerdos de anécdotas vividas. ¿Por qué no les cuentas a tus compañeros el viaje tan maravilloso que hiciste? Si quieres, puedes acompañar tu relato con algunas de tus fotos. Aquí tienes una lista de verbos que puedes usar.**

Salir de	Hospedarse en	Comer	Conocer (a)
Llegar a	Visitar	Beber	Volver
Estar en	Ver	Comprar	Gustar

A **vueltas** con el **pasado** 3

3.1. [11] **Vas a escuchar a algunos turistas que hablan de sus viajes por Latinoamérica. Pon atención porque hay un verbo que repiten todos. ¿Cuál?** volví

3.1.1. **¿En cuál de estas tres estructuras aparece? Márcala.**

- [ ] 1. *volver* + gerundio
- [x] 2. *volver a* + infinitivo
- [ ] 3. *volver* + participio

3.1.2. **¿Qué crees que expresa esta construcción? Elige una opción. Si es necesario, puedes escuchar de nuevo la grabación.**

Expresa...

- [ ] ...futuro.
- [ ] ...que algo nos gusta.
- [ ] ...que regresamos a un sitio.
- [x] ...repetición de una acción.
- [ ] ...que hacemos algo por primera vez.

3.1.3. [11] **Escucha de nuevo a los turistas, y escribe en la tabla qué es lo que volvieron a hacer durante sus vacaciones.**

Volvió a...

1. volvió a hacer otro curso
2. volvió a ver las cataratas
3. volvió a hacer alpinismo
4.
5.
6.
7.
8.

NO

3.2. **¿Y tú?, ¿repetiste algún viaje o alguna actividad en tus últimas vacaciones? Escríbelo y, luego, cuéntaselo a tus compañeros.**

Estuve en el museo Picasso el año pasado y ayer volví a visitarlo porque la primera vez me gustó mucho.

3.3. **Hace un tiempo estuvieron juntos de vacaciones en Cuba. Van a contar a sus compañeros por qué eligieron este país, qué ciudades visitaron, sus experiencias en el viaje, etc. A continuación, tienen información sobre el país. Leanla y coméntenla con su grupo, y, después, sigan las instrucciones de su profesor.**

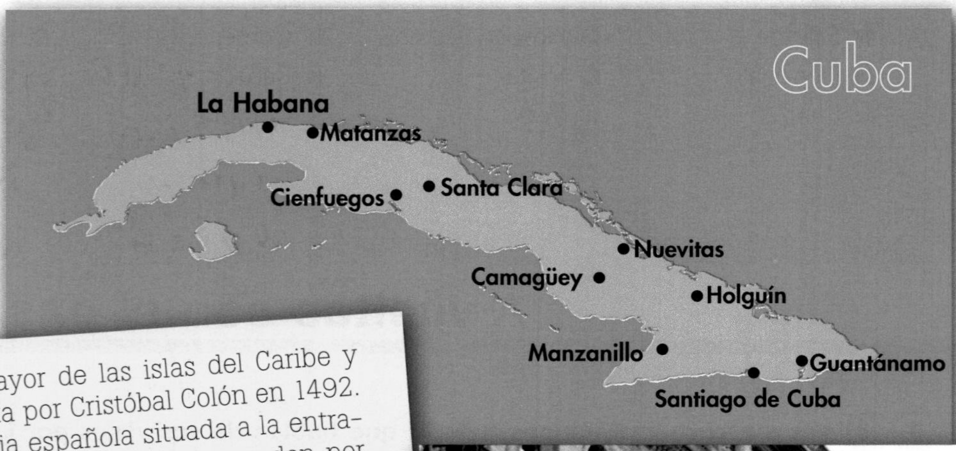

Cuba es la mayor de las islas del Caribe y fue descubierta por Cristóbal Colón en 1492. Antigua colonia española situada a la entrada de México, sus ciudades sorprenden por su arquitectura colonial, y las playas y los cayos, con variada fauna y flora, por sus aguas transparentes. Existen más de trescientas áreas protegidas que ocupan el 22% del territorio, además de cuatro zonas declaradas como reserva de la biosfera por la Unesco. Su gente es amable y hospitalaria. El cubano es alegre y comunicativo.

Datos de interés:

Economía: turismo y la industria del azúcar de caña, tabaco, níquel, ron y café.

Idioma oficial: español.

Símbolos nacionales: la Mariposa Blanca (una flor), el Tocororo (un ave, de la familia del quetzal) y la Palma Real (un árbol).

Cultura: hay importantes manifestaciones artísticas y muchos creadores (escritores, bailarines, músicos...). La infraestructura cultural se compone de salas de teatro, museos, galerías de arte... Es sede de varios festivales y eventos internacionales como el Festival del Nuevo Cine Latinoamericano o el Festival de Ballet.

Artesanía: trabajos en piel, fibras vegetales, madera, piedra y productos del mar.

Clima: subtropical moderado. Tiene dos estaciones: la seca, de noviembre a abril, y la de lluvia, de mayo a octubre.

Temperatura media: 24 ºC.

Recomendaciones para el turista:

Moneda: el peso cubano. Se recomienda pagar con dólares estadounidenses.

Vestido y calzado: debe ser ligero (tejidos de algodón, pantalones cortos, sandalias...). Para el invierno se recomienda llevar una chamarra• o un suéter delgado.

Transporte: es mejor moverse en taxi o en buses turísticos. Se puede rentar un coche.

Se aconseja beber agua embotellada.
Es un país seguro, con bajo índice de criminalidad.

• **España:** *chaqueta*

4.1. [12] **Vamos a seguir hablando de viajes, pero ahora de otros muy distintos, de los que tiene que hacer mucha gente, obligada por la necesidad, en busca de un futuro mejor. Vas a escuchar a algunas personas que cuentan sus experiencias como emigrantes; toma nota, en la tabla que tienes, de los países de origen y de acogida de cada una de ellas.**

	Lugar de origen	Lugar de acogida
1.	Cuernavaca	Guanajuato
2.	Habana	Miami
3.	Buen A.	Mejico
4.	Buen A	Caracas
5.	Morelia	España
6.	Cuautla	Irapuato
7.	Tenerife	Sao Paulo
8.	Mexico	San diego EEUU

4.1.1. [12] **Vuelve a escuchar, pero ahora fíjate por cuánto tiempo estuvieron fuera de su país y en lo que hicieron durante ese tiempo para ganarse la vida.**

	Duración	Actividad
1.	20 años	Fabrica de coches
2.	30 años	taxista
3.	12 "	agencia de viajes
4.	27 "	restaurante
5.	15 "	costurera
6.	4 meses	construcción
7.	54 años	negocio familiar
8.	6 horas	mesero

4.1.2. **¿Y tú?, ¿conoces a alguna persona que haya vuelto a su país después de haber probado fortuna en otro?, ¿cómo fue su experiencia? Cuéntaselo a tus compañeros.**
NO

NO **4.1.3.** **¿Cómo imaginas el tema de la inmigración entre México y los Estados Unidos? Antes de leer el texto, di si estas afirmaciones son verdaderas o falsas. Luego lee el texto y, si es necesario, rectifica tus respuestas.**

Antes de leer: Verdadero	Antes de leer: Falso		Después de leer: Verdadero	Después de leer: Falso
☐	☐	**1.** La migración de mexicanos se hace hacia países de Latinoamérica y Europa preferentemente.	☐	☐
☐	☐	**2.** Este fenómeno es relativamente nuevo.	☐	☐
☐	☐	**3.** Los mexicanos emigran para mejorar su calidad de vida y la de sus familias.	☐	☐
☐	☐	**4.** Los trabajadores mexicanos son generalmente bien recibidos en los países donde buscan trabajo.	☐	☐
☐	☐	**5.** El fenómeno migratorio genera un gran intercambio de ideas, cultura, lenguaje, valores y formas de vida.	☐	☐

CONTINÚA

La inmigración México-Estados Unidos cuenta con una larga tradición histórica, política, económica y social. Este tema continúa siendo un tema actual y de vital importancia para ambos países además de controversial, sobre todo en los últimos años.

En principio, las condiciones geográficas de los dos países han hecho inevitable el movimiento de personas de un lado al otro de la frontera, la cual es en su totalidad de alrededor de 3,114.7 kilómetros.

La mayoría de los mexicanos emigran a los Estados Unidos con el fin de mejorar la calidad de vida para ellos y para sus familiares que se quedan en México. Este propósito frecuentemente implica arriesgar la vida al tratar de cruzar la frontera sin documentos, dejar a la familia por largos periodos de tiempo, ser víctimas de discriminación y abusos, y en general, enfrentarse a una gran cantidad de problemas en un ámbito desconocido.

Por otro lado, la mayoría de los migrantes mexicanos en Estados Unidos mantienen interacciones sociales, culturales, económicas y políticas en los dos países. Muchos son trabajadores temporales que participan en un circuito transnacional y mantiene abierta, de manera permanente, una puerta de comunicación e intercambio cultural y económico entre México y Estados Unidos. A través de estos círculos binacionales, se lleva a cabo una interacción constante de ideas, cultura, lenguaje, valores y formas de vida entre los dos países. Este intercambio genera cambios en el estilo de vida de los pobladores de ambos lados de la frontera y han sido estudiados y documentados tanto en Estados Unidos como en México en sus aspectos sociológicos, democráticos, políticos, económicos, laborales, históricos, antropológicos e incluso psicológicos.

Adaptado de http://www.nuestramirada.org/notes/MIGRACION MEXICO-EUA

4.1.4. **¿Qué te sorprendió más de lo que acabas de leer? ¿Es la situación similar en tu país? ¿En algún momento de la historia de tu país la emigración/inmigración fue un fenómeno importante? ¿Cuándo y por qué? Cuéntaselo a tus compañeros para poder hacer un interesante cambio de impresiones.**

Autoevaluación

1. De los siguientes verbos, marca los que sean irregulares en el pretérito.

☐ a. hacer ☐ b. llevar ☐ c. decir ☐ d. tomar ☐ e. ser ☐ f. dar
☐ g. estudiar ☐ h. traer ☐ i. vivir ☐ j. saber ☐ k. pensar ☐ l. comer

2. ¿Cuáles de ellos te resulta más fácil recordar?

3. Escribe ocho palabras relacionadas con los viajes que aprendiste en esta unidad.

....

4. ¿Crees que hablar de viajes fue una buena forma de practicar el pretérito? ¿Qué otros temas se te ocurren con este mismo fin?

SPANGLISH

1. ¿Saben qué es el *spanglish*? Lean con atención las siguientes definiciones, escojan la que crean que es correcta y argumenten su elección.

- a) El *spanglish* es la mezcla de español e inglés de la población hispana adinerada que vive en Estados Unidos.
- b) El *spanglish* es la lengua que mezcla palabras españolas con inglesas y que hablan todas las comunidades hispanas que viven en Estados Unidos. Es un término que está incluido en el Diccionario de la Real Academia Española.
- c) El *spanglish*, la fusión del español y el inglés, es la lengua de las comunidades hispanas de Estados Unidos. La Real Academia de la Lengua Española no incluye este término, sin embargo en el año 2003 se publica el mayor diccionario que existe de *Spanglish* con más de seis mil palabras y expresiones.

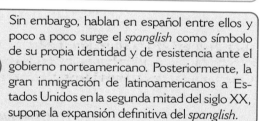

2. **Lean y ordenen los siguientes fragmentos para entender el término *spanglish* y su origen. Después comprueben si su respuesta al ejercicio anterior es la correcta y corríjanla en caso necesario.**

A El origen del *spanglish* se remonta a mediados del siglo XIX cuando México pierde la guerra, cede a Estados Unidos más de la mitad de su territorio y ciudades como Los Ángeles, San Diego y San Francisco pasan al control de Washington.

C Sin embargo, hablan en español entre ellos y poco a poco surge el *spanglish* como símbolo de su propia identidad y de resistencia ante el gobierno norteamericano. Posteriormente, la gran inmigración de latinoamericanos a Estados Unidos en la segunda mitad del siglo XX, supone la expansión definitiva del *spanglish*.

G En él se destaca la gran importancia de las computadoras e Internet en la creación del *ciber-spanglish* y nacen verbos como "printear" (de imprimir/*to print*) o "resetear" (de volver a encender el ordenador/*to reset*).

I Un año después, en 2004, da un paso más en el proceso de expansión de este nuevo idioma y traduce *Don Quijote de la Mancha* al *spanglish*.

K Sin embargo, el principal promotor del *spanglish* fue Ilán Stavans, un filólogo de origen mexicano que en el año 2003 publica el mayor diccionario de esta lengua que recoge 6 000 palabras y expresiones surgidas de la mezcla del español e inglés.

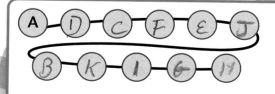

B Cuatro años después, en 1977 surge la obra fundacional de la literatura en *spanglish*, el cuento "Pollito Chicken" de la narradora de origen puertorriqueño, Ana Lydia Vega, donde critica duramente la pérdida de identidad de los inmigrantes en Estados Unidos.

D A partir de este momento, estos habitantes de origen mexicano tienen que aprender inglés.

E Crecen en Nueva York, pero hablan y escriben en español e inglés.

F Los Nuyorican Writers, un grupo de dramaturgos y poetas de vanguardia en la década de los 70 y de origen puertorriqueño, son los primeros en llevar el *spanglish* a la literatura.

H Hoy en día, el término *spanglish* todavía no está incluido en la Real Academia de la Lengua Española, pero nadie discute la gran expansión de esta nueva forma de hablar español que emplea una gran cantidad de palabras prestadas del inglés.

J En el año 1973 fundan en Manhattan el *Nuyorican Poets Café* que se convierte, con la lectura diaria de textos de autores hispanos y anglosajones, en el núcleo de la literatura en *spanglish*.

A – D – C – F – E – J – B – K – I – G – H

2.1. [13] Ahora escucha el texto ordenado, comprueba si tus respuestas anteriores son correctas y corrígelas en caso necesario.

3. María es una chica de origen puertorriqueño que ha vivido siempre en Estados Unidos. Dice que cuando viaja a Puerto Rico se ríen de ella porque habla en *spanglish*. A continuación, lean las siguientes frases de María y subrayen las palabras en *spanglish*.

¡Babay Diego! Nos vemos mañana.

Antes de acostarme tomo un glasso de leche porque me ayuda a dormir mejor.

Vacuno la carpeta una vez a la semana.

¡Qué bildin más bonito!

Juan es muy rápido cuando clickea.

¡Lo siento, no puedo ir! Esta semana estoy muy bisi.

Ana estaba watcheando la TV.

Dice que es bilingual, pero yo no le creo.

4. A continuación comprueben si las palabras subrayadas se encuentran en la columna de *spanglish*, relaciónenlas con su significado y escriban de nuevo las frases anteriores en español.

Spanglish	Significado
1) *glasso* •	• a) edificio
2) *clickear* •	• b) ocupado
3) *bilingual* •	• c) adiós
4) *babay* •	• d) bilingüe
5) *vacunar la carpeta* •	• e) ver la TV
6) *bildin* •	• f) vaso
7) *bisi* •	• g) pasar la aspiradora
8) *watchear la TV* •	• h) teclear

1) ....
2) ....
3) ....
4) ....
5) ....
6) ....
7) ....
8) ....

5. Algunas personalidades del mundo de la lengua y la cultura no están de acuerdo con el uso del *spanglish* y dicen que es la degradación de la lengua. ¿Por qué piensan qué dicen esto? ¿Están de acuerdo con ellos? ¿Por qué?

Unidad 4

Contenidos funcionales

- Hablar de hechos históricos
- Informar del tiempo que separa dos acciones pasadas
- Hablar de la vida de alguien
- Pedir y dar información sobre el currículum vítae
- Contar anécdotas

Contenidos gramaticales

- Pretérito: formas irregulares (3.ª singular y plural: e>i, o>u, i>y)
- Marcadores temporales: *al cabo de/a los/después de*

Contenidos léxicos

- Hechos históricos
- El currículum vítae

Contenidos culturales

- Biografías: Miguel de Cervantes, Pablo Ruiz Picasso, Isabel Allende, Fernando Botero y Guillermo del Toro
- La "Nueva Trova Cubana" y Silvio Rodríguez
- Literatura: Lucía Etxebarría
- La Revolución mexicana

Nos conocemos

- Latinos internacionales

¿Qué pasó?

1.1. 👥 📝 **Vamos a hablar de la Historia con mayúsculas, la de todos. Relacionen cada uno de los acontecimientos con la fecha correspondiente.**

F 1 El 21 de julio de 1969 •
E 2 El 11 de septiembre de 2001 •
H 3 A mediados del siglo XX •
C 4 A finales del siglo XIX •
i 5 En abril de 1912 •
a 6 En 1968 •
b 7 El 16 de septiembre de 1910 •
g 8 En noviembre de 1989 •
j 9 En 1997 •
d 10 En 1994 •

• **a** Celebración de los Juegos Olímpicos en México
• **b** Comienzo de la Revolución Mexicana de Independencia
• **c** Descubrimiento de la luz eléctrica
• **d** Levantamiento de los campesinos de Chiapas (México)
• **e** Atentado terrorista en Estados Unidos
• **f** Llegada del hombre a la Luna
• **g** Caída del Muro de Berlín
• **h** Creación de la OTAN
• **i** Hundimiento del Titanic
• **j** Construcción del Museo Guggenheim en Bilbao

1.1.1. 👥 💬 **En parejas, discutan las respuestas y compruébenlas. Pueden deducir los verbos que necesitan de los sustantivos y anotarlos en el recuadro de la derecha.**

El Titanic se hundió en 1946.

¡No me digas! Fue en 1912.

1. Celebración → Celebrar
2. Comienzo → Comenzar
3. Levantamiento → levantar
4. Atentado → Atentar
5. Llegada → llegar
6. Caída → caer
7. Ingreso → ingresar
8. Hundimiento → hundir
9. Construcción → construcción

1.2. 👤 🎧 **Ahora, vas a escuchar información sobre acontecimientos de la historia de México.**
[14] **Fíjate en las fechas en que se produjeron y anótalas en la tabla.**

Fechas	Acontecimientos
1.	
2.	
3.	
4.	
5.	

CONTINÚA ·····▶

Fechas	Acontecimientos
6.	
7.	
8.	
9.	
10.	

1.2.1. [14] **Vuelve a escuchar la grabación y completa la tabla con los hechos históricos que se mencionan.**

1.3. **¿Por qué no escribes los cinco acontecimientos más interesantes de cuantos sucedieron en tu país en el siglo XX?**

En mi país en el siglo XX...

1.3.1. **¿Por qué no se los cuentas al resto de la clase? Seguro que luego, entre todos, podrán relacionar la historia reciente de sus países.**

¡Vaya vida! 2

2.1. **Aquí tienes una breve biografía de Miguel de Cervantes. Léela.**

Miguel de Cervantes Saavedra nació en Alcalá de Henares (Madrid) en 1547. Durante cinco años fue soldado y sirvió a Felipe II en Italia; perdió el movimiento de su mano izquierda en la batalla de Lepanto. A continuación, estuvo preso en Argel; después de cinco años, fue rescatado de la prisión y regresó a España donde fue recaudador de impuestos. Se trasladó a Valladolid y volvió a vivir en Madrid, dedicándose finalmente a la creación literaria. Produjo numerosas obras de teatro, poesía y novela, pero la más importante fue *El ingenioso hidalgo don Quijote de la Mancha*. Creó a su personaje más famoso en 1605: don Quijote, un viejo hidalgo que leyó demasiados libros de caballería y se volvió loco. Por este motivo, sintió la necesidad de salir, como caballero andante, por los campos de la Mancha en busca de aventuras. Este personaje sirvió a Cervantes para ver la realidad de otra manera. Con él se creó el concepto de la novela moderna. Cervantes murió el 23 de abril de 1616, fecha en la que, tradicionalmente, se celebra el Día del Libro.

Monumento a Cervantes. Madrid. España

2.1.1. **Subraya los verbos que están en pretérito. ¿Por qué se utiliza este tiempo del pasado?**

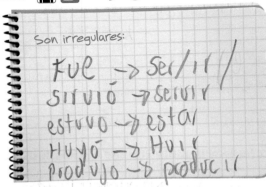

2.1.2. ¿Hay algún verbo irregular en el texto? Anota abajo todos los que encuentres.

Son irregulares:
Fue → Ser/ir
sirvió → servir
estuvo → estar
Huyó → Huir
produjo → producir

2.1.3. De estos verbos irregulares, ¿cuáles son nuevos para ti?

Son nuevos:
leyó - leer
sintió - sentir, murió/morir

2.2. Fíjate en el siguiente cuadro gramatical. Clasifica estos nuevos verbos irregulares en el lugar correspondiente.

Pretérito

- **Verbos con irregularidad en la tercera persona**

	e > i	o > u	i > y	+ y
Yo	pedí	dormí	construí	creí
Tú	pediste	dormiste	construiste	creíste
Él/ella/usted	**pidió**	**durmió**	**construyó**	**creyó**
Nosotros/as	pedimos	dormimos	construimos	creímos
Ustedes •	**pidieron**	**durmieron**	**construyeron**	**creyeron**
Ellos/ellas/ustedes	**pidieron**	**durmieron**	**construyeron**	**creyeron**
	Preferir, elegir, medir, mentir, corregir.	Morir(se).	Destruir, incluir, distribuir.	Caer, oír.

• **España:** *Vosotros/as pedisteis, dormisteis, construisteis, creisteis*

2.2.1. En cada línea hay un verbo irregular que no pertenece a estos grupos con irregularidad en la tercera persona. Busca el intruso.

1. intuyó • leyeron • quiso • durmieron • midieron • eligieron
2. distribuyó • oyeron • cayeron • pidió • trajo • mintieron
3. creyeron • murió • hubo • sintió • destruyó • construyeron
4. sintieron • prefirió • supo • corrigieron • incluyeron • mintió

NO

2.2.2. Ahora, vamos a jugar al bingo con los verbos irregulares. Aquí tienen una lista de verbos en infinitivo.

preferir, elegir, servir, pedir, medir, morir(se), construir, destruir, huir, incluir, distribuir, caer, oír, leer, creer, sentir, mentir, corregir.

Elijan siete y rellenen las casillas vacías del cartón. No olviden transformarlos únicamente a la 3.ª persona del singular o del plural del pretérito.

Y ahora, marquen los que el profesor vaya diciendo. Gana el alumno que complete antes el cuadro.

Tarea

2.3. **Volvemos a las biografías, con muchos pretéritos nuevos. Conjuga los verbos en pretérito y adivina a cuál de estas personas famosas pertenece cada biografía.**

3 PABLO RUIZ PICASSO

2 ISABEL ALLENDE

1 FERNANDO BOTERO

4 GUILLERMO DEL TORO

1 El 19 de abril de 1932 **1** *(nacer)* .... en Medellín, capital del Departamento de Antioquía, Colombia. **2** *(Cursar)* .... estudios primarios en el Colegio Bolivariano. En 1948 dos de sus acuarelas **3** *(incluirse)* .... en una muestra colectiva en el Instituto de Bellas Artes de Medellín. **4** *(Financiar)* .... sus estudios en el Liceo San José y en la Normal de Marinilla con los dibujos que **5** *(realizar)* .... para el suplemento dominical de El Colombiano. En 1951 **6** *(tener)* .... su primera exposición individual en la Galería Leo Matiz. Entre 1953 y 1954 **7** *(viajar)* .... a París e Italia. Al año siguiente **8** *(contraer)* .... matrimonio con Gloria de Artei. En 1956 **9** *(radicar)* .... en México en donde **10** *(interesarse)* .... por el arte precolombino y el trabajo de los surrealistas mexicanos. En 1957 **11** (viajar) .... por primera vez a Estados Unidos. Desde entonces ha ganado el reconocimiento internacional.

2 Es chilena aunque **1** *(nacer)* .... en Lima (Perú), en 1942. Su padre **2** *(ser)* .... diplomático y es sobrina del que **3** *(ser)* .... presidente chileno, Salvador Allende. **4** *(Estudiar)* .... Periodismo. En 1962, **5** *(casarse)* .... y, posteriormente, **6** *(tener)* .... dos hijos. En 1973, **7** *(abandonar)* .... Chile tras el Golpe de Estado y **8** *(exiliarse)* .... en Caracas. En 1992, **9** *(morir)* .... su hija Paula, lo que la **10** *(llevar)* .... a escribir el libro titulado: *Paula* (1994). En 1985, **11** *(recibir)* .... el premio a la mejor novela en México, y, en 1986, **12** *(ser)* .... premiada como la mejor autora del año en Alemania. En 1982, **13** *(publicarse)* .... su obra más conocida: *La casa de los espíritus.* Entre otras obras, caben destacar: *De amor y de sombra* (1984), *El plan infinito* (1991), *Cuentos de Eva Luna* (1992) e *Hija de la fortuna* (1999). Actualmente reside en California (EE. UU.).

3 **1** *(Nacer)* .... en Málaga (España), en 1881. En 1895, **2** *(trasladarse)* .... a Barcelona donde **3** *(ingresar)* .... en la Facultad de Bellas Artes. Cinco años más tarde **4** *(ir)* .... por primera vez a París donde **5** *(organizar)* .... una exposición. Nueve años después **6** *(volver)* .... a vivir en París donde **7** *(conocer)* .... a Matisse. Al cabo de tres años, **8** *(pintar)* .... *Las señoritas de Avignon.* Cuando en 1936 **9** *(empezar)* .... la Guerra Civil española, **10** *(volver)* .... de nuevo a París, donde **11** *(pintar)* .... *el Guernica.* **12** *(Casarse)* .... varias veces y **13** *(tener)* .... tres hijos. En 1955, **14** *(instalarse)* .... en Cannes y a los dos años, **15** *(pintar)* .... *Las Meninas,* inspirándose en el cuadro de Velázquez. En 1973,**16** *(morir)* .... en su casa de Notre Dame de Vie (Francia).

4 **1** *(Nacer)* .... el 9 de octubre de 1964 en Guadalajara, Jalisco, México. **2** *(Llevar)* .... a cabo sus primeros trabajos con cine cuando estudiaba la secundaria. **3** *(Pasar)* .... diez años trabajando en diseño de maquillaje, después **4** *(formar)* .... su propia compañía llamada Necropia. **5** *(Ser)* .... el productor ejecutivo de su primera película a los 21 años. **6** *(Cofundar)* .... el Festival de cine de Guadalajara y **7** *(crear)* .... la compañía de producción Tequila Gang. En 1998 **8** *(decidir)* .... irse a vivir al extranjero. Su primera película **9** *(llamarse)* .... *Cronos*. En 2006 **10** *(filmar)* .... su sexta película, *El laberinto del fauno*, que **11** *(ganar)* .... 8 premios Ariel y 7 premios Goya, además de recibir tres premios Oscar.

ⓘ Usos del pretérito

Como ves en estas biografías, el pretérito, al tratarse de un tiempo que expresa acciones terminadas en el pasado, nos sirve para:

- **Dar información sobre la vida de alguien.**
  - ► ***Nació*** *en Medellín;* ***contrajo*** *matrimonio con Gloria de Artei;* ***murió*** *en 1973.*
- **Informar del tiempo que separa dos acciones pasadas.**
  - ► *Nueve años después* ***volvió*** *a vivir en París; al cabo de tres años,* ***pintó****...*
- **Hablar de hechos históricos, acontecimientos del pasado.**
  - ► *En 1973* ***abandonó*** *Chile tras el Golpe de Estado.*

3 Currículum vítae

3.1. **Y seguimos con la historia, pero ahora con la tuya. Aquí tienes una forma para hacer un currículum vítae. Fíjate bien en los datos que se piden, asegúrate de que los entiendes todos y complétalos. Puedes usar el diccionario.**

Datos personales

Nombre: ....

Apellidos: ....

Fecha de nacimiento: ....

Originario de: .... Estado civil: ....

Dirección: ....

Código postal: .... Teléfono: ....

E-mail: .... Licencia de manejo: ....

Estudios realizados

Estudios universitarios: licenciatura en..., graduado en..., doctorado en...

☐ ....
....

☐ ....
....

Año

Otras especialidades, otros estudios

Otros estudios

Curso de..., Maestría en... Lugar, número de horas

☐ ÁREA DE IDIOMAS: ....

☐ ÁREA DE COMPUTACIÓN: ....

☐ CURSOS DE ESPECIALIZACIÓN: ....
....

Año

Experiencia de trabajo

Puesto laboral, nombre de la empresa y funciones realizadas

☐ ....
....

☐ ....
....

Año

Tiempo libre e intereses personales

☐ ....

☐ ....

3.2. Fíjate en estos conectores temporales de la narración que expresan posterioridad y en los ejemplos de las biografías que leíste.

Marcadores temporales

A la	mañana/primavera...	siguiente
Al	mes/año...	siguiente

A los	dos días/tres meses...
A las	cinco semanas...

Al cabo de	una hora/tres días/varios años...
Después de	algunos meses/varias horas...

Dos días	**más tarde**
Una semana/un día/una hora...	**después**

Ejemplo:

- *En* ***1895*** *se trasladó a Barcelona,* ***cinco años más tarde****, en* ***1900****, fue a París.* ***Al cabo de doce años****, en* ***1912****, pintó* Las señoritas de Avignon.

3.2.1. Vamos a Cuba. Pero ahora nos ocupamos de un movimiento musical, reconocido mundialmente, llamado "Nueva Trova Cubana", fenómeno estético nacido en la segunda mitad de los años 60 en la isla después del triunfo de la Revolución. Es la continuación de movimientos trovadorescos anteriores y se caracteriza porque sus cantautores se preocupan por el contenido social y político de las letras. A este movimiento pertenece Silvio Rodríguez. Estos son algunos acontecimientos importantes de su vida. Escriban su biografía utilizando los conectores que han aprendido.

- 29 de noviembre 1946: Nace en San Antonio de los Baños, La Habana, Cuba.
- 1958: Conoce la obra de José Martí, poeta de la independencia cubana.
- 1962: Comienza los estudios de piano.
- Marzo de 1964: Ingresa en el servicio militar obligatorio de las Fuerzas Armadas Revolucionarias.
- Diciembre de 1964: Compra una guitarra y aprende a tocarla con Esteban Baños.
- 1963-1965: Compone sus primeras canciones.
- 1967: Debuta en el programa de televisión "Música y estrellas". Da su primer recital.
- 1975: Primer disco solo: *Días y flores.*
- Destacan, entre otros trabajos:
  - *Rabo de nube* (1980)
  - *Tríptico* (1984)
  - *Silvio* (1992)
  - *Expedición* (2002)
- 2007: Recibe un doctorado *honoris causa* de la Universidad Mayor de San Marcos en Perú.

Silvio Rodríguez nació en San Antonio de los Baños el 29 de noviembre de 1946. Al cabo de doce años conoció a...

3.2.2. Ahora, ya puedes escribir tu autobiografía, no olvides incluir todos los datos que tengas en tu currículo y algunos conectores temporales.

Mi nombre es...

4 Buscando trabajo

4.1. ¿Alguna vez has estado en una entrevista de trabajo? Pues ahora vas a escuchar
[15] una en español. Luego, corrige la información si es necesario.

1. Necesitan a una animadora cultural.

2. La candidata empezó a trabajar en 1996 en un hotel de Guana-
 juato, después de terminar la carrera de Economía. ✓ *de turismo*

3. A principios de 1997, empezó a trabajar en un hotel, organizan-
 do reuniones de empresa. *no*

4. A mediados de 1999, se puso a trabajar en una oficina de información y turismo.

5. Habla perfectamente inglés y alemán porque estuvo trabajando
 durante un año en Estados Unidos y dos más en Alemania.

6. La semana que viene se pondrán en contacto con ella para darle
 una respuesta a su solicitud.

4.1.1. Vuelve a escuchar la entrevista y anota todos los verbos en pretérito que oigas.
[15]

4.2. Ahora, escribe al menos diez preguntas que se pueden hacer durante una
entrevista de trabajo.

Ejemplo: − *¿Qué estudiaste?*

− *¿Cuándo terminaste tus estudios?*

Recuerda...

· El *pretérito* se usa cuando hablamos
 de eventos o acciones terminados
 en un momento del pasado y que
 no tienen relación con el presente.

Ejemplos:

Me **fui** a vivir a Caracas en 2003.

Empezó a trabajar a los 20 años y **se
jubiló** ayer.

1. ..
2. ..
3. ..
4. ..
5. ..
6. ..
7. ..
8. ..
9. ..
10. ..

4.2.1. **¿Ya tienes preparada la entrevista?, pues hazla a tu compañero y, después, responde a las preguntas que te hará él. Recuerda que el tratamiento en una entrevista de trabajo es formal, así que usa siempre la forma *usted*.**

4.2.2. **Ahora que conocen bien sus currículos, miren estos anuncios de oferta de empleo y decidan quién de ustedes es la persona más adecuada para cada uno de ellos. No olviden argumentar sus opiniones.**

BOLSA DE TRABAJO

Necesitamos secretaria con experiencia de, al menos, dos años en mercadotecnia, dominio de inglés y portugués. Buena atención al público y buena presentación.

Empresa sueca busca licenciado en Economía con conocimientos de computación.

Compañía aérea selecciona aeromozas. Pedimos buena presentación y buen nivel de inglés e italiano.

Discoteca necesita relaciones públicas, se precisa experiencia en hotelería y conocimientos de alemán.

¿Te gustan los animales?, ¿tienes entre veinte y treinta años?, ¿estudiaste Veterinaria, Psicología o Ciencias Políticas? Pues llámanos, tenemos trabajo para ti.

Si eres soltero, te gusta viajar, no te importa vivir en hoteles, si tienes alguna experiencia en el mundo del espectáculo, esta es tu gran oportunidad: ¡llámanos!

Escuela de idiomas busca profesores de francés, japonés y árabe con experiencia y con conocimientos de historia, literatura o negocios para impartir cursos específicos de estas materias.

Agencia de viajes busca persona con conocimientos de computación, licencia de manejo y disponibilidad para viajar.

5 Experiencias insólitas

5.1. [16] **Vas a escuchar a algunas personas que responden a una encuesta sobre experiencias insólitas. Primero, localiza las palabras que tienes abajo y, después, relaciónalas con el número del entrevistado al que pertenecen y explica su significado.**

1	d	a	Payaso ....
2	a	b	Paracaídas ....
3	b	c	Tanque ....
4	F	d	Susto ....
5	e	e	Cantante de ópera ....
6	c	f	Mascota ....
7	h	g	Carrera ....
8	g	h	Luna de miel ....

5.1.1. [16] **Vuelve a escuchar la encuesta, ahora tienes que relacionar las respuestas con los dibujos y anotar el verbo en la forma en que lo usaron.**

5.2. **Ahora vamos a jugar. Lo primero que tienen que hacer es escribir en un papel, y usando pretérito, la experiencia más insólita que hayan vivido. Luego, denle el papel al profesor. Solo tienen dos minutos.**

5.2.1. **Vamos a ver si se conocen bien. Tienen en clase todos los papeles con sus experiencias insólitas, ahora, deben discutir a quién pertenece cada una argumentando sus opiniones.**

Yo creo que es de Katie, porque le encanta aprender lenguas.
Esa es de Peter, que estuvo de luna de miel en Corea.
O de Andrea, que hizo varios cursos de cocina exótica.

5.3. **Si hay una experiencia que puede ser extraordinaria en la vida, es la del amor. Lee este fragmento de la novela *Amor, curiosidad, prozac y dudas* y verás cuántas cosas insólitas hicieron las personas por amor.**

Apuntes para mi tesis: Catulo dedicó toda su obra a Lesbia. Marco Antonio perdió un imperio por Cleopatra. Robin Hood raptó a lady Marian. Beatriz rescató a Dante del Purgatorio. Abelardo y Eloísa se escribieron durante toda la vida. Julieta bebió una copa de veneno cuando vio muerto a Romeo. Melibea se arrojó por la ventana a la muerte de Calisto. Ofelia se tiró al río porque pensó que Hamlet no la amaba. Botticelli enloqueció por Simonetta Vespucci después de inmortalizar su belleza en la mayor parte de sus cuadros. Juana de Castilla veló a Felipe el Hermoso durante meses, día y noche, sin dejar de llorar, y después se retiró a un convento. Don Quijote dedicó todas sus aventuras a Dulcinea. Doña Inés se suicidó por don Juan y regresó más tarde desde el Paraíso para salvarlo del Infierno. Garcilaso escribió decenas de poemas para Isabel Freire, aunque nunca la tocó. Sandokán luchó por Marianna, la Perla de Labuán. Rimbaud, que había escrito obras maestras a los dieciséis años, no escribió una sola línea desde el momento en que acabó su relación con Verlaine, se hizo tratante de esclavos y se suicidó literariamente. Verlaine intentó asesinar a Rimbaud, luego se convirtió al catolicismo y escribió las *Confesiones*; nunca volvió a ser el mismo. Anna Karenina abandonó a su hijo por amor del teniente Vronski, y se dejó arrollar por un tren cuando creyó que había perdido aquel amor. Y yo sigo dejándole a Iain mensajes diarios en el contestador, pero si me lo pide lo dejaré de hacer y nunca más volveré a llamarle. Y no se me ocurre mayor prueba de amor, porque pienso en él constantemente.

Lucía Etxebarría
Amor, curiosidad, prozac y dudas (texto adaptado)

Lucía Etxebarría, nacida en 1966 en España, escritora que gusta de la polémica, tuvo un gran éxito comercial a finales de los noventa. Publicó su primera novela en 1997, *Amor, curiosidad, prozac y dudas*, y al año siguiente ganó el Premio Nadal de novela con *Beatriz y los cuerpos celestes*. En 2004 consiguió el Premio Planeta con *Un milagro en equilibrio*.

5.3.1. **Lucía Etxebarría lo cuenta en pretérito porque habla de personas y personajes del pasado, pero imagínate que te lo cuenta en primera persona en el momento en que sucedió, ¿cómo lo haría?**

5.3.2. ¿Por qué la autora del texto anterior se compara con todos estos personajes? ¿Cuál es la mayor prueba de amor que ella puede imaginar? ¿Conoces a todos los personajes y sus historias? De todos los personajes que aparecen en el texto, ¿cuál te resulta más atractivo y por qué?

5.3.3. Elige un personaje y cuenta su vida. Si no lo conoces bien, puedes preguntar a otros compañeros o al profesor.

5.3.4. ¿Puedes añadir tú a estos personajes algún otro que hizo algo insólito por amor? Cuéntaselo a tus compañeros.

5.3.5. Ahora, escribe lo más insólito que hiciste tú por amor y lo que otra persona hizo por ti. No es necesario decir la verdad, lo importante es que uses bien los pasados.

Pues yo una vez...

Autoevaluación

1. ¿Qué te ayudó más en esta unidad?

- ☐ a. Las grabaciones
- ☐ b. Los textos
- ☐ c. La expresión escrita
- ☐ d. Las actividades orales

2. ¿En qué tema te resultó más difícil usar el pretérito?

- ☐ a. Hechos históricos
- ☐ b. Biografías
- ☐ c. Currículum vítae
- ☐ d. Entrevista de trabajo
- ☐ e. Experiencias insólitas

Nos conocemos

LATINOS INTERNACIONALES

1. **En parejas, lean la breve ficha de información sobre Pedro Almodóvar. Para saber más, pregunta a tu compañero, quien tiene la información.**

Pedro Almodóvar

Fecha y lugar de nacimiento: 24 de septiembre de 1949 en Calzada de Calatrava, Ciudad Real (España).
Profesión: Director de cine.

Alumno A

1. ¿En qué ciudad empezó su carrera artística?
2. *Pepi, Luci y Bom, y otras chicas del montón*. En 1980.
3. Además de director, ¿qué otros papeles desempeñó en el mundo del cine?
4. Sí, en *Pepi, Luci y Bom, y otras chicas del montón; ¿Qué he hecho yo para merecer esto?; La ley del deseo.*
5. ¿Cómo se llama la productora de Pedro Almodóvar? ¿Con quién la fundó?

Alumno B

1. En Madrid.
2. ¿Cómo se titula la primera película dirigida por Pedro Almodóvar? ¿En qué año se estrenó?
3. Actor y productor.
4. ¿Actuó Pedro Almodóvar en algunas de sus películas? ¿En cuáles?
5. El Deseo. La fundó con su hermano Agustín.

2. **¡Continúa conociendo a Pedro Almodóvar! Lee los siguientes fragmentos de esta entrevista y completa los espacios en blanco con las palabras del recuadro.**

• productor • Escuela de Cine • categoría • productora • oficinista • la movida madrileña

Entrevistador: Pedro, tú eres de Calzada de Calatrava, un pueblo de Castilla la Mancha, pero te fuiste muy joven a Madrid. ¿Por qué?

Pedro A.: Bueno, yo siempre quise estudiar cine y con esta ilusión, me marché a Madrid para matricularme en la ....(1).

Entrevistador: Pero no pudo ser, ¿no?

Pedro A.: Pues no, tuve la mala suerte de que la escuela cerró y me quedé sin poder estudiar lo que más deseaba; enseguida busqué un trabajo para sobrevivir.

Entrevistador: ¿Y en qué trabaste?

Pedro A.: ¡Uy! Hice un poco de todo hasta que conseguí un puesto de .... (2) en Telefónica en el que estuve doce años.

Entrevistador: ¿En serio? Me cuesta mucho imaginarte en algo que no tenga que ver con la creación artística...

Pedro A.: Es que yo siempre he estado vinculado al mundo artístico y en esa época empecé a tener mis primeros contactos con el movimiento cultural del momento: ....(3).

Entrevistador: Además de director de cine, también eres ....(4). ¿Puedes hablarnos de esta faceta?

Pedro A.: En 1985 mi hermano Agustín y yo fundamos una .... (5), *El Deseo*, un proyecto con el que empezamos a producir mis propias películas y después las de otros magníficos directores (...)

Entrevistador: Hasta el momento has conseguido dos Oscars... Háblanos, por favor, de estos premios.

Pedro A.: En 1999 nos otorgaron el Oscar con la película *Todo sobre mi madre* en la .... (6) de Mejor película extranjera y tres años después, en 2002, conseguimos con *Hable con ella* el Oscar al mejor guión original. (...)

3. [17] **A continuación escuchen la siguiente información sobre *Volver*, una de las películas más internacionales de Pedro Almodóvar, y completen la ficha.**

1. Género: ....
2. Año: ....
3. Actriz protagonista: ....
4. Espacios geográficos de la historia: ....
5. Tema principal de la historia: ....
6. Nombre de las dos hermanas: ....
7. Carácter de las dos hermanas: ....

4. Ahora les presentamos a Gabriel García Márquez, escritor colombiano conocido internacionalmente por sus novelas. Las siguientes palabras están relacionadas con su vida u obra. Léanlas atentamente e intenten explicar la relación.

1. Aracataca **2.** Gabito **3.** fantasía y realidad **4.** Nobel de Literatura **5.** periodista

1. *Creo que Gabriel García Márquez nació en Aracataca.*

2. ....

3. ....

4. ....

5. ....

5. Lee el siguiente artículo sobre el escritor y comprueba si las respuestas anteriores son correctas.

Gabriel García Márquez

Fecha y lugar de nacimiento: 6 de marzo de 1927 en Aracataca, (Colombia).
Profesión: novelista, guionista y periodista.

Gabriel García Márquez, conocido por sus familiares y amigos como Gabito, nació en Aracataca, pueblo donde vivió con sus abuelos hasta los ocho años. Durante esta etapa surgió lo esencial de su universo narrativo: la mezcla de fantasía y realidad. La fantástica casa de sus abuelos acompañó al escritor en la mayoría de sus novelas, al igual que los elementos fantásticos y fabulosos que a veces nos hacen difícil distinguir cuánto hay de realidad y cuánto de ficción en sus obras. La mezcla de ambos elementos dio lugar a una corriente artística en Latinoamérica durante la segunda mitad del siglo XX, denominada Realismo mágico, y García Márquez se consolidó como uno de sus principales representantes. Entre múltiples premios y distinciones, en 1982 recibió el Premio Nobel de Literatura otorgado por la Academia Sueca.

6. [18] La novela *Cien años de soledad* es una de las que mejor representa el Realismo mágico. Escuchen atentamente y subrayen la opción correcta.

1. *Cien años de Soledad*, cuenta la historia de los antepasados de **la familia Buendía / las familias Buendía e Iguarán.**
2. José Arcadio no quiere mantener relaciones con Úrsula Iguarán porque **no quiere tener hijos con cola de iguana como algunos antepasados / no quiere a su esposa.**
3. José Arcadio mata a Prudencio, el padre de Úrsula, porque **le llamaba cobarde / no le gustaba.**
4. Después de matar a Prudencio, José Arcadio **se queda en el mismo pueblo / huye de su pueblo y funda otro "Macondo".**
5. La vida de José Arcadio tiene similitudes con la del abuelo del escritor porque **los dos mataron a un hombre y fundaron un pueblo / los dos mataron al padre de su mujer.**

7. [18] Vuelve a escuchar la historia de *Cien años de soledad* y escribe una pequeña redacción teniendo en cuenta:

- su año de publicación
- argumento
- relación de la historia con la vida del escritor
- opinión personal

Unidad 5

Contenidos funcionales

- Describir experiencias o situaciones personales y el número de veces que se ha hecho algo
- Valorar una acción
- Precisar si una acción ha ocurrido o no
- Hablar de eventos ocurridos
- Narrar

Contenidos gramaticales

- Antepresente: morfología y usos en España y Latinoamérica
- Marcadores de frecuencia
- Antepresente y pretérito
- Pronombres y adjetivos indefinidos
- Pronombre neutro: *lo*
- Pronombres de objeto indirecto
- Doble construcción: objeto directo/objeto indirecto

Contenidos léxicos

- Experiencias personales de ocio y tiempo libre
- Sucesos

Contenidos culturales

- Literatura: Rosario Castellanos

Nos conocemos

- Dos pintores, dos mundos

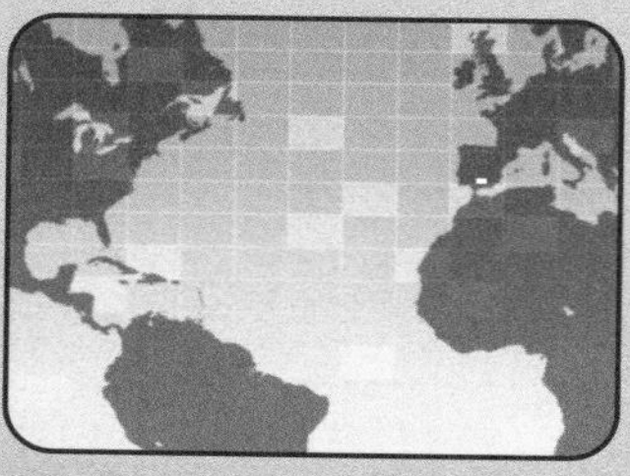

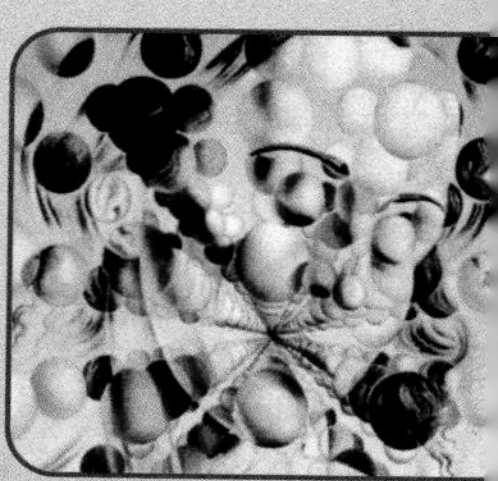

1 ¿Naturaleza o crianza?

1.1. **Miren las fotos y lean la introducción. ¿A quién se refieren las frases? Escriban Alejandro (A) o José (J) en los espacios.**

Alejandro y José nacieron el mismo día en la misma ciudad, pero sus vidas han sido totalmente diferentes.

Alejandro ha tenido una buena educación y muchas oportunidades.

José ha tenido poca educación y pocas oportunidades.

- [A] 1. Ha viajado mucho por toda América y ha ido tres veces a Europa.
- [J] 2. Ha asaltado varias tiendas y ha estado tres veces en la cárcel.
- [A] 3. Algunas de sus novelas las ha terminado en dos meses.
- [A] 4. Está casado con una pintora. No han tenido hijos.
- [J] 5. Ha hecho mucho dinero pero lo ha perdido.
- [A] 6. Siempre ha estudiado mucho. Se graduó en Ciencias de la Comunicación y en Filosofía.
- [A] 7. Ha escrito cinco novelas de detectives que se han vendido bien.
- [A] 8. Ha ganado mucho dinero y le han dado un premio nacional de Literatura.
- [J] 9. Jamás ha estado fuera de México.
- [J] 10. Ha tenido muy pocas oportunidades.
- [J] 11. Nunca se ha casado, pero ha tenido cuatro hijos.
- [J] 12. Siempre ha pensado en un gran asalto.
- [A] 13. Ha entrevistado a muchos criminales, detectives y policías para obtener datos para sus novelas.

NO

1.2. **Discute con un compañero. ¿Crees que las vidas de Alejandro y José han sido el resultado de su educación y oportunidades? ¿Por qué?**

1.3. **El participio del verbo 'viajar' es 'viajado'. Encuentra en las frases sobre José y Alejandro los participios pasados de estos verbos y escribe la lista.**

1. asaltar	7. hacer ....hecho....
2. dar	8. ir ....
3. entrevistar	9. perder ....
4. escribir ....escrito....	10. vender ....
5. estar	11. tener ....
6. ganar	12. casarse ....

1.4. Completen el cuadro y tendrán el paradigma del antepresente.

Antepresente

	Presente de *haber* + participio verbos en -ar		Presente de *haber* + participio verbos en -er		Presente de *haber* + participio verbos en -ir	
Yo	he	hablado	he	comido		vivido
Tú	has	hablado		comido	has	vivido
Él/ella/usted		hablado	ha	comido	ha	vivido
Nosotros/as		hablado	hemos	comido		vivido
Ustedes	han	hablado		comido	han	vivido
Ellos/ellas/ustedes	han	hablado	han	comido	han	vivido

España: *pretérito perfecto*

España: *Vosotros/as habéis hablado, comido, vivido*

1.4.1. Aquí tienen los participios irregulares: escribe el infinitivo al lado de cada uno.

cubrir • poner • decir • morir • romper • freir • hacer • escribir • volver • ver • abrir

1. puesto ....
2. vuelto ....
3. muerto ....
4. escrito ....
5. roto ....
6. abierto ....
7. visto ....
8. frito ....
9. cubierto ....
10. dicho ....
11. hecho ....

Los verbos con prefijo tienen participio similar: *hecho/deshecho, cubierto/descubierto,* etc.

Para hablar del pasado

- Acciones/experiencias que (no) han sucedido (o lo han hecho varias veces) –no importa cuándo– y que pueden (volver a) ocurrir:
  –ANTEPRESENTE
  José jamás ***ha estado*** *fuera de México.* (¿Va a viajar en el futuro?)
  Alejandro ***ha escrito*** *cinco novelas.* (¿Cuándo? No importa. Pero está escribiendo otra.)
- Verificar si una acción ha ocurrido o no (no importa cuándo).
  –Preguntas y respuestas afirmativas. Ya + PRETÉRITO
  ▷ *¿Ya* ***empezó*** *Alejandro su sexta novela?* / ► *Sí, ya terminó el primer capítulo.*
  –Oraciones y respuestas negativas. Todavía no + PRESENTE o ANTEPRESENTE
  Todavía no ***termina*** *su sexta novela. / Todavía no* ***ha terminado*** *su sexta novela.*

• En el Cono Sur se usa mucho menos el antepresente. En España, los usos son más abundantes. Tu profesor te dará más información.

Argentina: Ya y Todavía no *se usan con pretérito.*

España: *se usa el antepresente o pretérito perfecto con* Ya y Todavía no.

Marcadores de frecuencia

Son expresiones de tiempo que, generalmente, acompañan al antepresente.

- **Últimamente, de un tiempo a la fecha, siempre, toda mi/tu/su vida, muchas veces, varias veces, algunas veces, n.º de veces, ni una vez, nunca, en la vida, jamás**

1.5. Estos son los elementos principales que aparecen en las novelas de Alejandro. Relacionen las imágenes con las frases. Piensen en el género y número de los nombres y de los pronombres en negritas, y también en el sentido de la frase.

- [7] Muchas veces **las** ha roto de un golpe y **las** ha abierto de par en par.
- [15] A veces **los** ha pisado y ha hecho mucho ruido.
- [1/3] Muchas víctimas **lo** han visto antes de morir.
- [5] Las esposas **les** han informado sobre los ataques a sus maridos.
- [4] El ladrón siempre **las** ha atacado con un cuchillo.
- [2] El asesino siempre **lo** ha dejado junto a la víctima.
- [6] Siempre que ha encontrado una, **la** ha abierto.
- [12] **Lo** ha robado.
- [13] El asesino siempre **le** ha pedido ayuda para escapar.
- [16] Nunca **lo** han descubierto en sus robos.
- [9] La policía siempre **las** ha tranquilizado.
- [14] Siempre **le** han pedido la descripción del ladrón.
- [10] Siempre **les** han practicado la autopsia.
- [11] Generalmente **las** han tomado con mucho cuidado.
- [8] Siempre **las** ha abierto.
- [1/3] Hasta ahorita no **lo** han descubierto.

1.5.1. ¿Cuáles de los pronombres anteriores son de objeto directo? Completen la tabla.

Pronombres de objeto directo

Pronombres sujeto	Pronombres átonos objeto directo
Yo	Me
Tú	Te
Él	
Ella	
Usted	Lo/la
Nosotros/as	Nos
Ustedes •	Los/las
Ellos	
Ellas	
Ustedes	Los/las

Lo y *la* se usan para personas y para objetos también.

1.5.2. Verán que hay otros pronombres que no aparecieron. ¿Cuáles son? Completen la tabla.

Pronombres de objeto indirecto

Pronombres sujeto	Pronombres átonos objeto indirecto
Yo	Me
Tú	Te
Él	
Ella	
Usted	Le
Nosotros/as	Nos
Ustedes •	Les
Ellos	
Ellas	
Ustedes	

• **España:** *Vosotros/as os*

1.5.3. Completeten.

de objeto directo

Pronombres personales

Los pronombres personales se refieren a algo ya mencionado en otro momento. Pueden ser de objeto [directo] e [indirecto].

- Los de objeto [directo] se pueden referir a personas, cosas o acciones.

  Ejemplo: *Ya leí el libro pero todavía no* [lo] *devuelvo a la biblioteca.*

- Los pronombres de objeto [indirecto] se refieren generalmente a [personas]

  Ejemplo: *Me ha dado las gracias o* [te] *ha dado las gracias a ti.*

1.5.4. Relacionen.

1. **Me la** ha dicho siempre. – c
2. **Lo** queremos mucho. – i
3. **Dáselas** a Maite de mi parte. – e
4. **Se lo** quiere quitar. b
5. **Dáselo.** – g
6. **Hazlas.** – d
7. Vamos a **verlos.** h
8. Todavía no **se lo** he dicho a tus padres. f
9. Estoy **preparándola.** a

- a. La comida
- b. El juguete a su hermano
- c. La verdad
- d. Las maletas
- e. Las gracias a ella
- f. Que los espero a ellos
- g. El libro a Jesús
- h. A los monos
- i. Al niño

1.5.5. Completeten.

Pronombres objeto directo

- Los pronombres objeto directo e indirecto átonos aparecen delante del verbo conjugado pero detrás de [imperativo], [gerundio] e [infinitivo].
  Cuando aparecen dos pronombres objeto juntos, el de objeto [indirecto] se coloca delante del de objeto [directo].

  Ejemplo: *¿Quieres comprármelo?/¿Me lo compras?*

- Los pronombres de objeto indirecto [le] y [les] cambian a SE cuando van delante de los pronombres de objeto directo lo, [la], [los] y [las].

  Ejemplo: *¿Puedes darle el libro a tu profesor?* → *¿Puedes dárselo?/¿Se lo puedes dar?*

1.6. En la novela *El gran robo* se cuenta cómo tras una jornada de trabajo intensa, una pareja de la policía llega al puesto de mando con diferentes objetos encontrados después de difíciles investigaciones. Lee el catálogo. ¿Conoces todos los objetos? Si no es así, pregunta a tus compañeros o busca las palabras en el diccionario.

• **Argentina:** *aros* • **España:** *aros*

• **Argentina:** *cartera*

- Un monedero• de piel con documentos
- Un lápiz labial
- Una caja de aspirinas
- Un juego de cubiertos de plata
- Un televisor
- Una computadora
- Una guía de carreteras
- Unos aretes• de oro
- Un encendedor
- Una agenda
- Un cuadro impresionista
- Un radio de carro

1.6.1. **Al llegar a la delegación, los policías se enteran de que había tres denuncias por robo, pero, a causa del *shock*, ninguna de las víctimas puede recordar exactamente qué les falta. Ayúdenlos dando su opinión.**

Ejemplo: *Yo creo que el monedero* ***se lo*** *robaron a María, porque un monedero está normalmente en la bolsa.*

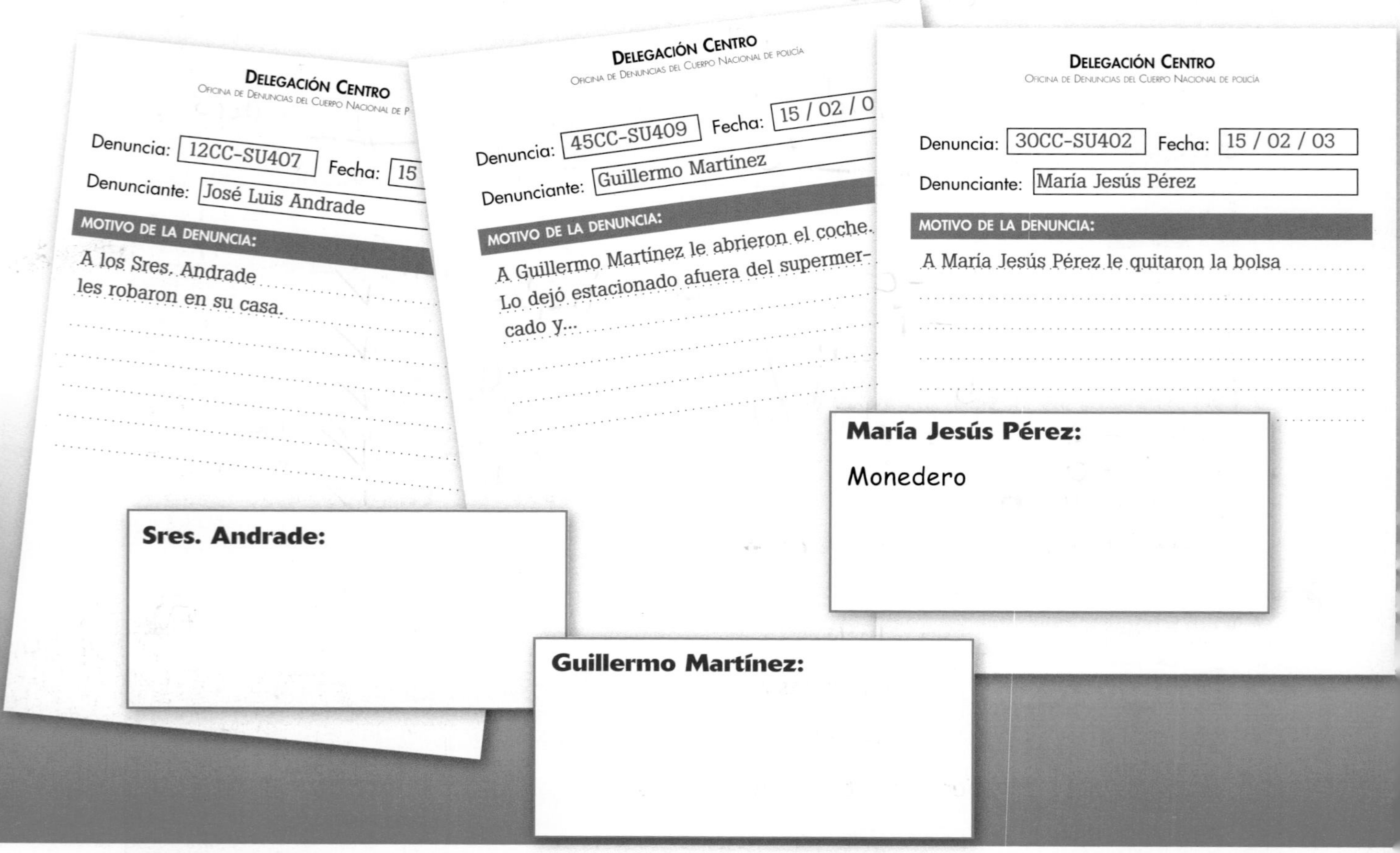
DELEGACIÓN CENTRO
Oficina de Denuncias del Cuerpo Nacional de P...

Denuncia: 12CC-SU407 Fecha: 15...
Denunciante: José Luis Andrade
MOTIVO DE LA DENUNCIA:
A los Sres. Andrade les robaron en su casa.

DELEGACIÓN CENTRO
Oficina de Denuncias del Cuerpo Nacional de Policía

Denuncia: 45CC-SU409 Fecha: 15 / 02 / 0...
Denunciante: Guillermo Martínez
MOTIVO DE LA DENUNCIA:
A Guillermo Martínez le abrieron el coche. Lo dejó estacionado afuera del supermercado y...

DELEGACIÓN CENTRO
Oficina de Denuncias del Cuerpo Nacional de Policía

Denuncia: 30CC-SU402 Fecha: 15 / 02 / 03
Denunciante: María Jesús Pérez
MOTIVO DE LA DENUNCIA:
A María Jesús Pérez le quitaron la bolsa

María Jesús Pérez:
Monedero

Sres. Andrade:

Guillermo Martínez:

1.7. **Están en la delegación. Uno de ustedes hace el papel de policía y otro el de víctima. Pueden utilizar las siguientes palabras.**

- El atraco
- La víctima
- El cuchillo / La pistola
- La cartera
- El dinero / Las tarjetas de crédito
- Documentos / El pasaporte
- El boleto de autobús

- Tener / Pasar miedo
- Gritar
- Quitar / Robar
- Dar un puñetazo
- Amenazar
- Hacer una denuncia
- Detener

alumno a

Eres un policía que ha trabajado durante muchos años en una delegación. Hoy en la mañana hablaste con una persona de mediana edad que estaba muy nerviosa. Haz preguntas para saber qué le sucedió.

alumno b

Eres una persona de mediana edad, estás muy nerviosa porque esta mañana tuviste un problema. Fuiste a la delegación• a denunciarlo. Contesta a las preguntas del policía y explica tu historia.

• **España:** *comisaría*

1.8. [19] **A lo largo de las investigaciones la policía ha encontrado evidencia para resolver los crímenes: entre estas está la grabación de una conversación mantenida entre Nicolás, una de las víctimas, y una detective, días antes de su asesinato. Escucha y ordena estas imágenes según la historia que te cuentan.**

1.8.1. **Ahora, contesta verdadero o falso.**

	Verdadero	Falso
1. La detective está afuera del café.	☑	☐
2. La esposa de Nicolás llegó hace tres horas. 2 horas	☐	☒
3. La detective todavía no saca fotos.	☐	☒
4. El hombre y la mujer se han besado varias veces.	☐	☒

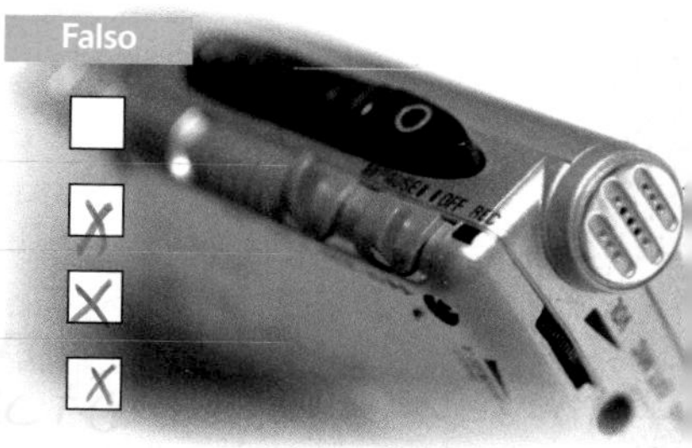

Experiencias 2

2.1. **Estas personas están de vacaciones desde hace unos días. ¿Alguna vez has hecho alguna de estas actividades? Si la respuesta es sí, ¿cuándo fue?**

1. Participal en un campeonata

2. participado corrido una maraton

3. Ha nadado

4. Ha saltado en paracaida

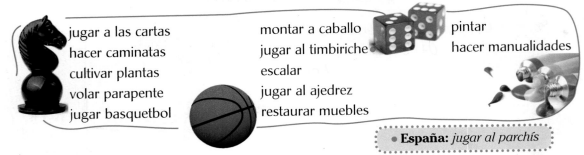

2.1.1. Aquí tienen diferentes actividades de ocio. Clasifíquenlas según el cuadro. Si no conocen las palabras, pregunten a sus compañeros o búsquenlas en el diccionario.

- jugar a las cartas
- hacer caminatas
- cultivar plantas
- volar parapente
- jugar basquetbol

- montar a caballo
- jugar al timbiriche
- escalar
- jugar al ajedrez
- restaurar muebles

- pintar
- hacer manualidades

• **España:** *jugar al parchís*

Actividades al aire libre	Juegos de mesa	Manualidades

2.1.2. Tienen dos minutos para ampliar la lista con todos los deportes y actividades de ocio que puedan recordar. Después, hagan una puesta en común con los compañeros; seguro que la lista es enorme.

2.1.3. Ahora, escriban cinco actividades que no han hecho nunca. Después, busquen por la clase compañeros que sí las han realizado y pregunten cuándo fue la última vez. Escriban sus nombres, la actividad y cuándo la hicieron.

2.2. Escucha el diálogo y anota las actividades que se mencionan. [20]

Jugar al ajedrez	saltos de Bonji	Escalar montañas	Bucco submarinismo	Hacer caminata	Paracaidismo

2.2.1. Escucha de nuevo y anota la frecuencia con que cada uno de los personajes realiza las actividades que anotaste en el ejercicio anterior. [20]

	Jugar ajedrez	Salto de Bungee	Escalado			
Adolfo	nunca					
Carmen	Muchísimas veces		tres veces	De vez en cuando		
Andrés	Varias veces					

2.2.2. Ordenen las expresiones de frecuencia de más a menos.

\+ Muchísimas veces, varias veces, de vez en cuando, 3 veces, 2 veces,
una vez, nunca –

2.3. **Dile a tu compañero cuáles de estas cosas nunca has hecho, todavía no haces (¡pero piensas hacer!) y cuáles ya hiciste. Dile también cuándo las hiciste. Después coméntenlo con el resto de la clase. Escucha a tus compañeros y escribe lo que te sorprenda.**

Ejemplo: *Jack ha salido varias veces en televisión pero todavía no va a una cita ciega. Se tiró del Bungee hace dos años.*

- Casarse
- Tener hijos
- Salir en televisión
- Plantar un árbol
- Escribir un libro
- Graduarse
- Cantar en público
- Tirarse del bungee •
- Pintarse el pelo
- Dejarse bigote
- Ir a una cita a ciegas
- Hablar en público

• **España:** *hacer puenting*

¿Cómo te ha ido? ¿Cómo te fue? 3

3.1. **¿Puedes identificar estos lugares? Contrasta tus hipótesis con el resto de la clase. Luego, comenta si has estado alguna vez en alguno de ellos y cuándo fuiste.**

chichen itza Mexico

1

2

cataratas de Iguazú Arg y Bra.

3

Machu Picchu

4

Los Moais isla de Pascua chile

5

Plaza de España Sevilla

3.2. Rigoberto, un chico peruano que está haciendo un viaje por Europa, les escribió a sus papás una carta contándoles los lugares que ha visitado y las experiencias que ha tenido en España. Sin embargo, ha estado en tantos lugares en tan poco tiempo que se equivocó. Encuentren los errores.

Zúrich, 23 de mayo de 2011

Queridos papá y mamá:

¿Cómo están? Perdón que solamente he mandado textos con el celular, el ritmo del viaje por España ha sido algo cansado pero muy divertido. ¡La estoy pasando genial! Hemos visitado muchos lugares imponentes: la Giralda en Sevilla, la Alhambra en Córdoba, y en Barcelona el parque Guernica y la Sagrada Familia, que es lo que más me ha gustado hasta ahora. En Barcelona subimos al Teide en funicular. ¿Ya vieron las fotos en mi página de Facebook? ¡Impresionante!

La cocina española es buenísima, hemos comido tapas riquísimas en muchos bares, paella ¡claro! y en el sur una sopa de tomate fría que se llama zarzuela. He bailado danzas de todas clases: flamenco en Andalucía, la sardana en Barcelona y en Galicia sevillanas, el baile típico de allí.

Mañana vamos a Madrid, ¡qué bueno! Tengo ganas de visitar el Museo Guggenheim. Para San Fermín vamos a Pamplona, en el noreste de España. Pero no se preocupen ¡no voy a correr con los toros!

Besos de su hijo que los quiere.

Rigoberto

Tarea

3.2.1. Escribe una carta similar de un turista imaginario durante su visita a tu país o ciudad. Incluye tres errores. Léela en voz alta. Tus compañeros tienen que corregirlos.

3.3. [21] Escucha los siguientes diálogos y subraya en la transcripción las expresiones que sirven para valorar una actividad.

diálogo 1

▶ ¿Qué tal la has pasado en estas fiestas de fin de año?

▷ Muy bien, la he pasado muy bien. Vino también una prima argentina de mi marido y fue muy divertido. ¿Y tú?

▶ Normal. Todo ha estado muy bien, como siempre. Lo único que me molesta es pensar que pronto voy a volver al trabajo.

▷ ¡Ni me lo recuerdes!

diálogo 2

▶ ¿Qué tal esta noche en el concierto de "Los Energéticos Consumidos"?

▷ ¡De la patada! Ha sido un concierto largo y aburrido.

▶ ¡Qué pena!, ¿no?

CONTINÚA

diálogo 3

▶ Señora Rosa, ¿qué tal sus vacaciones?

▷ Muy bien, muy bien. Mi marido ha estado en el mar casi todos los días y yo he dado largos paseos por la playa. Así que de maravilla. La hemos pasado de maravilla. ¿Y ustedes?, ¿qué han hecho?, ¿cómo la han pasado?

▶ Pues muy bien también. Hemos hecho muchas cosas y los niños se han divertido mucho. La verdad es que no queremos regresar a casa.

3.4. **Pongan en común su trabajo. Pueden escribir en el pizarrón todas las expresiones de valoración.**

Para valorar una actividad o período de tiempo

Ser { una obra muy divertida. / una fiesta genial. / un día horrible.

Ejemplo: *Fue un día horrible. Todo me salió mal.*

La fiesta / La conferencia / El concierto } **estar** { genial. / bastante interesante. / muy mal.

Ejemplo: *La película que vimos el domingo pasado estuvo genial.*

Pasarlo/a {
- muy bien / padrísimo / de película
- de maravilla / súper / chido
- bien / normal
- más o menos
- regular
- horrible / de la patada / del nabo

Ejemplo: *En el viaje la pasamos de maravilla.*

3.5. **Miren la valoración de las actividades; después, hablen con su compañero para que les cuente qué tal les fue en las siguientes situaciones. Sigan el ejemplo.**

Ejemplo: ▶ *¿Cómo te fue este fin de semana?*

▶ *Estuvo genial. ¡Me la pasé de maravilla en la excursión!*

alumno a

Tú preguntas por:

- Reunión del departamento de ayer en la tarde.
- La visita al dentista de esta mañana.
- El viaje de este verano con tus amigos.

Tu compañero te pregunta por:

- La boda de tu mejor amigo, el domingo pasado. →
- Tu cita a ciegas de anoche. →
- La corrida de toros de este fin de semana. →

CONTINÚA

alumno b

Tú preguntas por:

- La boda de su mejor amigo, el domingo pasado.
- Su cita a ciegas de anoche.
- La corrida de toros de este fin de semana.

Tu compañero te pregunta por:

- La reunión del departamento, ayer en la tarde. → ☺
- La visita al dentista, hoy en la mañana. → ☹
- El viaje de este verano con tus amigos. → ☺

Autoevaluación

1. Valora los siguientes aspectos de esta unidad.

fue difícil • estuvo bien • no me gustó nada • me encantó

El antepresente ....

Cuándo usar el antepresente y cuándo el pretérito ....

Hablar de tus experiencias ....

Escuchar las experiencias de tus compañeros ....

2. Cuando escribimos un texto, debemos evitar repetir siempre las mismas palabras. Podemos usar otras que son sinónimas o que se pueden utilizar en ese contexto. Lee el texto y sustituye las palabras en negrita por la adecuada.

En Zacatecas puedes hacer muchas cosas. Por ejempo puedes visitar monumentos como El Palacio de la Mala Noche o la Plaza de Armas. También puedes pasear por el parque de La Encantada o **visitar** el Cerro de la Bufa. **También** puedes subirte en el teleférico o ir a los balnearios. Para moverte por Zacatecas tienes dos posibilidades: tomar el transporte público o **tomar** un taxi. Por las noches, en Zacatecas, hay mucha vida nocturna: bares, espectáculos, discotecas... y es fácil conocer gente y hacer amigos, porque **la gente de Zacatecas** es abierta y sociable.

Fíjate:
- *La gente es abierta y sociable.*
- *Los zacatecanos son abiertos y sociables.*

No olvides que, en español, los adjetivos concuerdan con el nombre en género y número y el verbo concuerda con el sujeto en número. Y recuerda que 'gente' en español es un nombre colectivo, o sea que lleva adjetivos y verbos en singular.

3. Ahora, haz lo mismo con este texto buscando tú las palabras adecuadas, pero, antes de leerlo, entre toda la clase busquen verbos sinónimos de *decir*.

Un hijo de la tierra llamado Yetti le dice al pintor de las cavernas llamado Taste: "Tengo algo que pedirte y algo que **decirte**". Como son buenos amigos, Taste le **dice** que bueno. En la cueva, cuando ya nadie puede verlos, Yetti **dice** así: "Mira, Taste, esta noche tuve un extraño sueño. Soñé que un dios venía a mi encuentro". "Eso no es raro, los dioses se aparecen a los hombres en sueños con frecuencia"–**dice** Taste.

Texto adaptado de *La saga fuga de JB,* Gonzalo Torrente Ballester

Nos conocemos

DOS PINTORES, DOS MUNDOS

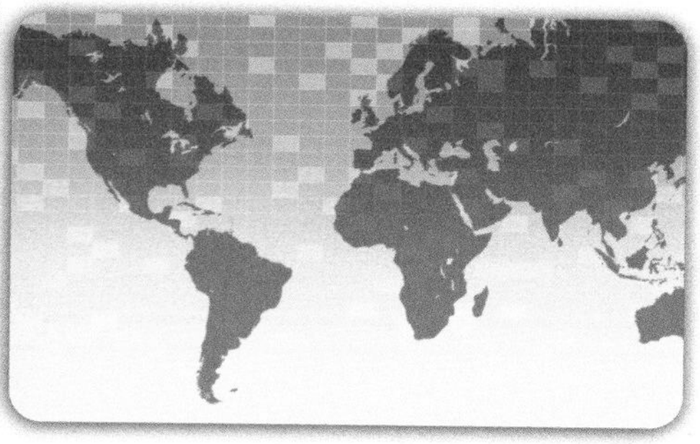

1. ¿Han oído hablar alguna vez de los siguientes pintores? ¿Saben a qué países pertenecen? Escriban el nombre del país debajo de cada pintor y márquenlos en el planisferio.

Salvador Dalí: ....

Frida Kahlo: ....

2. Ahora, observen con atención sus autorretratos, lean las siguientes frases y relaciónenlas con su autor.

Salvador Dalí

☐ ☐ ☐

1. Alguna vez salí a la calle totalmente de azul o con un geranio tras la oreja.
2. Dicen que mi pintura es surrealista, pero no es cierto. Yo siempre pinto mi propia realidad.
3. Recibí muchos mensajes del espacio a través de mis largos bigotes.
4. Soñé con montar mi propio museo y lo hice en mi ciudad natal.
5. A mi matrimonio lo definen como la unión entre una paloma y un elefante.
6. Pinto autorretratos porque paso la mayor parte de tiempo en soledad.

Frida Kahlo

☐ ☐ ☐

3. A continuación lee con atención las biografías de los dos pintores y comprueba si tus respuestas anteriores son correctas. Corrígelas en caso necesario.

Salvador Dalí

Pintor español que nació en 1904 en Figueras, a orillas del Mediterráneo. Sus veranos en Cadaqués, un pequeño pueblo de pescadores, fueron lo mejor de su infancia y a menudo reflejó su paisaje y recuerdos en sus cuadros.
De 1929 a 1936 fue la etapa más fructífera de su vida donde pintó cualquier "pensamiento automático" que le pasaba por la cabeza. Encontró su propio estilo, el "método paranóico-crítico" y conoció al amor de su vida: Gala. Diseñó escaparates y decorados, creó sus primeros objetos surrealistas y salió a la calle pintado de azul o con un geranio tras la oreja. Durante la Segunda Guerra Mundial se exilió con Gala a Estados Unidos durante ocho años y conquistaron Nueva York. El estallido de la bomba atómica sobre Hiroshima le impresionó tanto que los fenómenos científicos y la física nuclear ocuparon el centro de su atención. Sus largos bigotes, desde los que recibía mensajes desde el espacio, y sus bastones alcanzaron una fama mundial.
A partir de 1970 se dedicó a su último gran sueño: montar su propio museo en el edificio del antiguo teatro de Figueras. Diseñó el museo como una gran autobiografía: una especie de cueva de "Dalí-Babá" que narra las distintas visiones del mundo que tuvo a lo largo de la vida...
Murió en 1989, y fue enterrado en su museo de Figueras.

CONTINÚA

Frida Kahlo

Pintora mexicana que nació en Coyoacán, en 1907, sin embargo Frida siempre dijo que nació en 1910, año de la revolución mexicana. En 1925, un grave accidente de tranvía la dejó con lesiones permanentes durante toda su vida, y tuvo que someterse a 32 operaciones quirúrgicas.

El aburrimiento y la soledad de la época de su recuperación la llevaron a pintar numerosos autorretratos. Años más tarde, en 1929, se casó con Diego Rivera, con el que mantuvo una relación basada en el amor, la infidelidad, el vínculo creativo y el odio. Se divorciaron para volverse a casar un año después. Al matrimonio lo llamaron la unión entre un elefante y una paloma porque Diego era enorme y obeso, y Frida pequeña y delgada.

El poeta y ensayista surrealista André Bretón definió la obra de Frida como surrealista pero ella lo negó afirmando que nunca pintó sus sueños, sino su propia realidad.

Murió en Coyoacán en 1954, fue incinerada y sus cenizas se encuentran en la Casa Azul de Coyoacán, el lugar donde nació.

4. [22] **Tanto para Salvador Dalí como para Frida Kahlo sus respectivas parejas fueron en muchas ocasiones fuente de inspiración en sus cuadros. Observa las siguientes pinturas, escucha los análisis de dos críticos de arte y contesta las preguntas.**

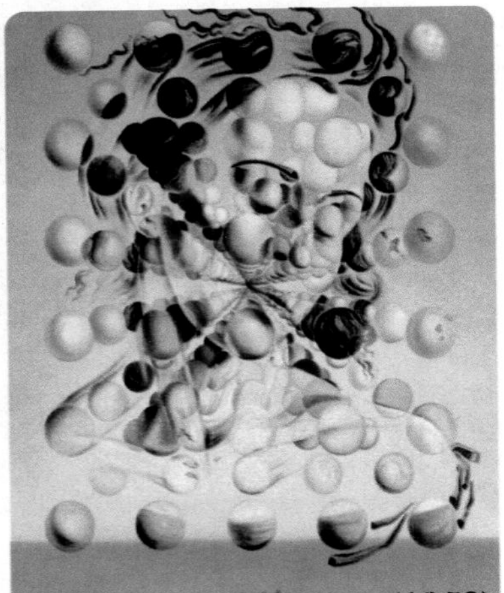

Galatea de las esferas (1952)

1. ¿Cuáles son las obsesiones de Dalí representadas en este cuadro?

   ....

2. ¿Cuáles son las vertientes que se combinan en el cuadro? ¿Cómo se reflejan?

   ....

3. ¿Qué acontecimientos científicos influyeron en la obra de Dalí?

   ....

4. ¿En qué se basa su Manifiesto Místico?

   ....

5. ¿En qué momento pintó Frida este autorretrato?

   ....

6. ¿Quién fue María Félix?

   ....

7. ¿Qué simboliza el largo cabello rodeando el cuello de Frida?

   ....

8. ¿Cómo se refleja en el cuadro la obsesión de Frida por su marido?

   ....

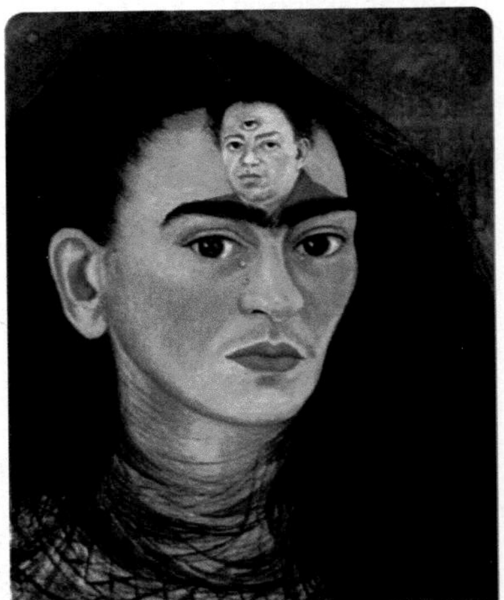

Diego y yo (1949)

Unidad 6

Contenidos funcionales

- Disculparse
- Expresar decepción o desilusión. Lamentarse
- Hacer cumplidos y responder
- Expresar sorpresa y entusiasmo
- Expresar aburrimiento
- Decir que no se puede hacer algo
- Transmitir información
- Expresar obligación

Contenidos gramaticales

- ¡*Qué* + sustantivo + *tan/más* + adjetivo!
- Apócope del adjetivo: *bueno, malo, primero, tercero, grande*
- Comparativos
- Superlativos
- El estilo indirecto

Contenidos léxicos

- Acontecimientos sociales: la boda
- Los cumplidos

Contenidos culturales

- La interacción en Latinoamérica
- Las bodas en el estado de Morelos
- La vida de Emiliano Zapata
- Película *Hijos de los hombres* de Alfonso Cuarón
- Literatura: Juan Rulfo

Nos conocemos

- Rituales con historia

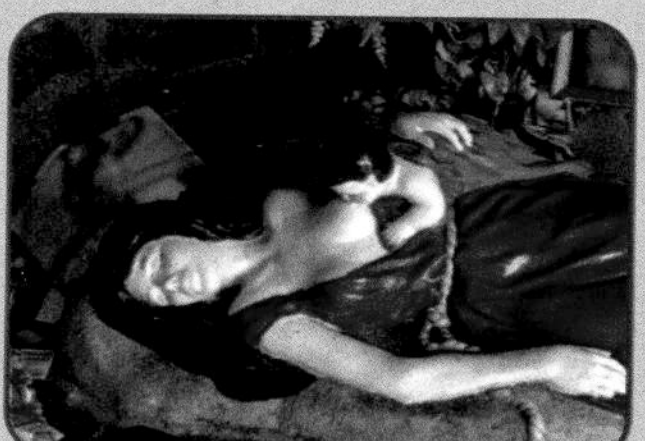

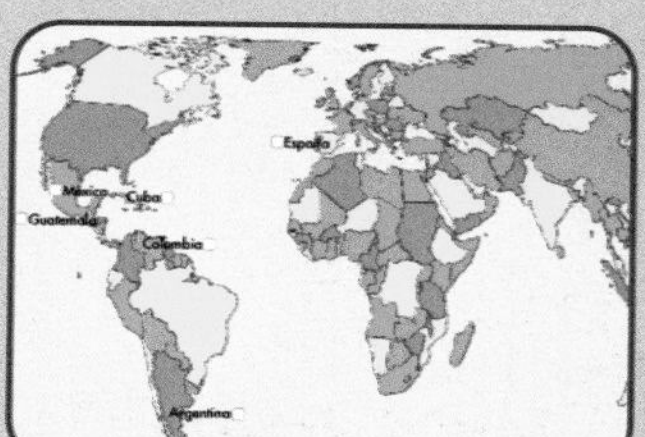

1 ¡Pero, oye, **reacciona**!

1.1. **A continuación tienen una serie de afirmaciones sobre cómo se comporta una persona cuando está escuchando a otra. Discutan con sus compañeros si son correctas o no.**

Antes de leer: Verdadero	Antes de leer: Falso		Después de leer: Verdadero	Después de leer: Falso
☐	☐	1. Hay que mirar atentamente a los ojos del interlocutor.	☐	☐
☐	☐	2. Cuando hablas por teléfono, tienes que decir algo como "Claro, claro" o "Sí, sí".	☐	☐
☐	☐	3. Si estás en desacuerdo con lo que dice tu interlocutor, no debes hacer ningún gesto ni decir nada.	☐	☐
☐	☐	4. Si te hacen un cumplido, acéptalo con un "Gracias".	☐	☐

1.1.1. **Lee y comprueba tus respuestas.**

¿Qué valor tiene el silencio en una conversación? En algunas culturas, estar callado mientras la otra persona está hablando es signo de buena educación e interés por lo que te está contando. Sin embargo, en Latinoamérica, el silencio tiene un valor completamente distinto: significa desinterés. Durante una conversación debemos:

- Mirar directamente a los ojos de nuestro interlocutor.
- Hacer algún gesto de asentimiento (mover la cabeza de arriba abajo repetidamente) o rechazo (mover la cabeza de derecha a izquierda repetidamente).
- Decir alguna palabra que confirme que seguimos el discurso, por ejemplo, *Claro, claro* o *Ajá, ajá* o *Sí, sí,* especialmente cuando hablamos por teléfono.
- Si no hacemos alguna de estas cosas, probablemente la persona dejará de hablar o cambiará de tema pensando que lo que dice no tiene interés, produce aburrimiento, etc.
- Otro elemento cultural distintivo es la forma de reaccionar ante un cumplido. Normalmente, no solo damos las gracias, sino que dudamos del cumplido con frases como: *¿De verdad te gusta? ¿Sí?*, o damos explicaciones: *¡Qué falda tan bonita! Pues me costó muy barata.* En realidad, se trata de reaccionar con humildad para no parecer presumido.

1.1.2. **¿Te sorprendió? ¿Cómo se comporta uno en tu país durante una conversación? Comenta las diferencias con tus compañeros. ¡Probablemente puede ayudarte a deshacer malentendidos!**

1.2. [23] **Vas a escuchar cinco diálogos que corresponden a las imágenes que tienes a continuación. Relaciónalos.**

CONTINÚA

1.2.1. **Aquí tienen la transcripción de los diálogos de 1.2. Coloquen las expresiones en negrita en la columna adecuada.**

1.

▷ ¿Bueno?

► Hola, ¡felicidades!

▷ ¡**Hola** Marisa! Gracias, ¿por qué no te vienes a tomar algo?

► **Lo siento**, es que ando en la montaña. Nos vemos pasado mañana. ¿Sales?

▷ ¡Claro!, pero **qué lástima** no verte hoy.

2.

► **¡Sorpresa!** Venimos a verte.

▷ **¿Qué les pasa?** ¿A estas horas? Bueno, bueno, pasen.

3.

▷ **¡Qué bonito está el vestido de la novia!**

► **¿En serio?** Aquí entre nos, me parece horrible.

▷ ¡**Ay, cómo eres...**!

4.

► ¿Y tu esposo?

▷ No pudo venir. Tiene demasiado trabajo.

► **¡Cuánto lo siento!**

5.

▷ Pero, **¡qué grande y qué guapo estás!**

► **No es para tanto**, abue.

DISCULPARSE	HACER CUMPLIDOS	RESPONDER A UN CUMPLIDO	SORPRENDERSE	EXPRESAR DECEPCIÓN O DESILUSIÓN. LAMENTARSE
Perdona	¡Te ves muy bien! ¡Qué bien te ves hoy!	Para nada ¡Noooo! ¡Qué exagerado!	¡No lo puedo creer! ¡Qué sorpresa! ¡Me adivinaste el pensamiento!	¡Qué mal! ¡Vaya! Lo lamento

1.3. Aquí tienes un fragmento de una entrevista con Alfonso Cuarón, el famoso director de cine mexicano, que ganó numerosos premios internacionales por su película *Hijos de los hombres* (2006). La periodista lo felicita muy entusiasta. Imagina que eres Alfonso Cuarón y reacciona.

▶ Tenemos con nosotros al **gran** director...

▷ ....

▶ Alfonso Cuarón quien desde su **primer** trabajo, *Solo con tu pareja*, nos deslumbró con su frescura.

▷ ....

▶ ¡No, para nada! Un **buen** director nace, no se hace.

▷ ....

▶ Pero, por favor, claro que sí, hombre, no seas modesto.

▷ ....

1.3.1. Escucha y comprueba si reaccionaste de la misma manera.

[24]

1.3.2. Fíjense en las palabras en negrita y colócalas en el cuadro que tienes a continuación.

Adjetivos

- Los adjetivos **bueno, malo, primero, tercero,** pierden la **o** final delante de un nombre masculino singular:

  ____

  ____

- El adjetivo **grande** se apocopa en **gran** delante de nombre singular:

  ____

1.3.3. Completa el jeroglífico. Todos los nombres se componen de *bueno, malo, primero, tercero, grande* y sus variantes. Atención a la concordancia.

1. Por fin visitamos el 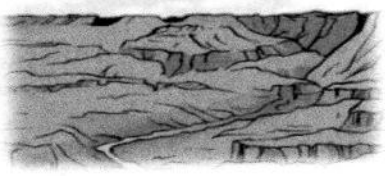 de Colorado.
2. Celso ganó el  de Literatura.
3. Vivimos en un  .
4. Conocemos Manhattan como la  .
5. Christina Aguilera canta una canción llamada *Mi*  sobre un puertorriqueño que le robó el corazón.
6. En Baja California (México) hay  .
7. En los meses de verano frecuentemente hace  . En primavera, sin embargo, hace  .
8. El consultorio del dentista está en el  .

Pero, ¡qué lobo tan malo! 2

Intensificadores

- Para intensificar la cualidad de un nombre utilizamos.

  ***Qué* + nombre + *tan* + adjetivo:**

  Expresa algo que nos sorprende positiva o negativamente.

  ¡Qué ropa tan blanca! ¿Con qué la lavas?

  ¡Qué niño tan güerito! ¿De quién es?

2.1. **¿Saben quién es Caperucita Roja? ¿Qué le pasa a Caperucita cuando va a ver a su abuelita? Completen las viñetas.**

Érase una vez una niña que siempre llevaba una caperuza roja, por eso todos la llamaban "Caperucita Roja". Un día, su mamá le dijo: "Llévale esta canasta• con comida a tu abuelita". Su abuelita vivía al otro lado del bosque.

Caperucita se alejó del camino para recoger flores para su abuelita y entonces, entre los árboles, se encontró con el lobo feroz que le preguntó: "¿Adónde vas Caperucita?".

Y la niña contestó: "A casa de mi abuelita".

• **España:** *cesta*

Al llegar a la casa, Caperucita se asombró al ver el aspecto de su abuela.

Abuelita, abuelita, ¡..!
Son para verte mejor, Caperucita.
Abuelita, abuelita, ¡..!
Son para oírte mejor, Caperucita.
Abuelita, abuelita, ¡..!
Es para olerte mejor, Caperucita.
Abuelita, abuelita, ¡..!
Son para comerte mejor, Caperucita. ¡Ahhhhhhhhhhhh!

El lobo saltó de la cama y, cuando ya se iba a comer a Caperucita, un cazador le disparó y el lobo corrió y corrió con el estómago vacío.

2.1.1. **Los cuentos populares suelen tener distintas versiones. ¿Coincide la versión de Caperucita Roja que leyeron con la suya?**

3 ¡Viva la diferencia!

3.1. **Las relaciones entre parejas de distinta nacionalidad son siempre "diferentes". ¿Qué creen que es lo mejor y lo peor de vivir con alguien de otra cultura?**

3.1.1. **Lee con atención el cuadro y complétalo con la información que te ofrecemos a continuación.**

- ☐ Encontrar una segunda patria.
- ☐ Vivir en un país solo porque tu pareja es de allí.
- ☐ Facturas enormes de teléfono.
- ☐ Si la relación es a distancia, puedes conservar tu independencia.

Lo mejor

- La posibilidad de conocer otra cultura, sin salir de tu propio país.
- Tener hijos bilingües.
- Descubrir otro estilo de vida y otra visión del mundo.
- Entender mejor la cultura propia, al explicársela al otro.
- ....
- ....

Lo peor

- No entender muchas veces las reacciones de tu pareja.
- Tener que vivir lejos de tu familia y tu entorno.
- Estar lejos de tus amigos.
- Depender de tu pareja durante el periodo de adaptación.
- Decidir en qué país vivir y en qué cultura educar a los hijos.
- ....
- ....

Texto adaptado de *El País semanal*

3.1.2. **Ahora, busca en el texto anterior las palabras o expresiones a las que se refieren las siguientes definiciones.**

a Personas que hablan dos idiomas perfectamente.

b Ideas y prejuicios. Forma de ver las cosas.

c Lugar de acogida donde te sientes como en casa.

d Persona con la que vives una relación sentimental.

3.2. Lee la historia de Valeria Kovachova y Jaime Rivera de Rosales.

¡VIVA LA DIFERENCIA!

Lo mejor y lo peor de enamorarte de un extranjero

Valeria y Jaime se conocieron en un curso de verano de inglés en Toronto. Ella es eslovaca, él, chileno. Seis meses después se casaron. Llevan ya dieciocho años juntos y son muy felices. Valeria vino a vivir a Chile. Al principio fue difícil, porque no hablaba español y pensaba que las mujeres chilenas no trabajaban fuera de casa. Sin embargo, no tuvo demasiados problemas. Empezó a estudiar español y se dedicó a la traducción y a dar clases de lenguas extranjeras, y es que Valeria ya hablaba ruso, alemán, francés, húngaro y eslovaco. Dice que durante aquellos años su mejor profesor fue su marido. También fue su mejor amigo. Jaime no ve ninguna desventaja en una relación entre personas de distintas culturas: "Cuando quieres a alguien, te sientes muy cerca de esa persona y las cosas salen bien".

Adaptado de *El Semanal*

3.2.1. **Ahora, señala solo la información correcta. Busca en el texto la frase equivalente.**

- [ ] Cuando Valeria llegó a Chile, las mujeres chilenas todavía no trabajaban fuera de casa.
- [ ] Se casaron al poco tiempo de conocerse.
- [ ] Valeria es profesora de idiomas.
- [ ] Jaime cree que vivir con una persona de otro país no tiene ventajas.
- [ ] Jaime piensa que con amor se superan todas las dificultades.

3.2.2. **Comparen una relación como la descrita en el texto con una en la que ambos cónyuges son de la misma nacionalidad. Fíjense en el cuadro.**

Comparaciones

Comparación de igualdad

- ***Tan*** + **adjetivo/adverbio** + ***como***:
  Valeria y Jaime son tan felices como cualquier otra pareja.
  Valeria habla español casi tan bien como Jaime.
- ***Tanto/tanta/tantos/tantas*** + **sustantivo** + ***como***:
  Ellos tienen tantos problemas como nosotros.

Comparación de desigualdad

- Inferioridad: ***menos*** + **sustantivo/adjetivo/adverbio** + ***que***:
  Jaime habla menos idiomas que Valeria.
- Superioridad: ***más*** + **sustantivo/adjetivo/adverbio** + ***que***:
  Su experiencia es más satisfactoria que la nuestra.

Superlativos

- Relativos: ***el/la/los/las más*** + **adjetivo** + ***de***:
  Ana es la más alta de la clase.
- Absolutos: **adjetivo** + ***-ísimo/a/as/os***:
  Jaime está contentísimo.

Recuerda:
- Mejor → bueno
- Peor → malo
- Mayor → grande/viejo
- Menor → pequeño/joven

3.2.3. **Escribe un pequeño texto dando tu opinión o contando una historia parecida a la de Valeria y Jaime.**

4 ¡Vivan los novios!

4.1. **Se calcula que en México anualmente contraen matrimonio más de quinientas mil parejas. Comenta las siguientes preguntas con tus compañeros.**

- ¿Se casa más gente ahora que antes?
- ¿Se prefiere la boda religiosa o la civil?
- ¿Qué ocurre en tu país?
- ¿La fiesta dura un día, menos de un día o varios días?
- ¿Hay alguna tradición especial, algo que tiene que llevar la novia o el novio?
- ¿Qué tipo de regalos reciben los novios? ¿Reciben dinero?

4.2. **Con la llegada de los españoles a México en el siglo XVI, las costumbres de los indígenes se mezclaron con las de aquellos, y se dieron cambios en las ceremonias de las comunidades. Por ejemplo, en las bodas. A continuación van a leer un texto en el que se describe una boda tradicional del estado de Morelos. Antes, relacionen estas palabras con su definición.**

1. Champurrado
2. Velación
3. Marcha
4. Velo
5. Guajolote
6. Cazuela
7. Sahumador
8. Incienso
9. Postrarse
10. Altar

- **a** Pavo.
- **b** Vasija de barro que sirve para cocinar.
- **c** Lienzo con el que se cubre la cabeza de la novia.
- **d** Recipiente para quemar perfumes.
- **e** Pieza de música que sirve para regular el avance de un grupo.
- **f** Resina aromática que exhala olor en la combustión.
- **g** Ceremonia donde se cubre con un velo a los novios.
- **h** Ponerse de rodillas en señal de respeto.
- **i** Bebida hecha a base de maiz, chocolate y azúcar.
- **j** Especie de mesa para celebrar ritos religiosos.

4.2.1. **Ahora, ya puedes leer el texto.**

En Atlatlahucan, casarse es especial

Como nos relata Ignacio, las bodas tradicionales en Atlatlahucan tienen tres momentos especiales: "En el primer momento nosotros le informamos a nuestros padres, después mis papás visitan a la familia de mi novia, para que se conozcan y platiquen sobre la decisión que tomamos. Después de varias opiniones, donde obtenemos la conformidad, analizamos la fecha para el casamiento y programamos todos los preparativos".

En la boda de Inés e Ignacio, el segundo momento consiste en una nueva visita a los familiares de la novia, pero ahora en presencia de todos los familiares y padrinos del novio. Ignacio cuenta: "Mi familia y yo llevamos regalos y chocolate en piedras (preparado con el más selecto cacao molido, azúcar y canela), para

CONTINÚA

preparar un rico champurrado que serviremos en la recepción de la noche de la velación, un día antes de la boda". La madre de Ignacio cuenta: "En esta segunda visita, después de escuchar los consejos que los papás les damos, mi hijo le da el anillo de compromiso a su novia y así queda formalizado el compromiso de matrimonio. Al final tomamos café con tamales".

Fotografía: Casimiro Moreno

El tercer momento se divide en dos días muy importantes: "Un día antes de la boda, hacemos una fiesta después de las ocho de la noche en mi casa, ahí llega Ignacio acompañado de su familia y amigos: desde que salieron de su casa van caminando seguidos de una banda de viento que toca marchas. Me traen el vestido de velación y me lo tengo que poner inmediatamente cuando mi novio llega. También me dan el vestido y los zapatos para la boda", recuerda Inés. El padre de Inés señala cuál es el evento más importante: "A las doce de la noche, los novios se postran de rodillas ante el altar de la casa de la novia y los familiares y padrinos piden a Dios que el matrimonio sea un éxito. Después cada quien va a su casa, para que al día siguiente, temprano, nuevamente se reúnan en la casa de ambos novios para compartir un rico desayuno".

El segundo día del tercer momento es el día de la boda. El sacerdote los recibe a la puerta del templo, donde el novio le descubre a la novia el rostro, cubierto con el velo. Entran y van hacia al altar al son de la marcha nupcial donde el sacerdote procede a realizar la Santa Misa. Al finalizar, mientras el órgano acompaña la marcha de los novios, ellos salen felices a recibir vivas y aplausos y la lluvia de arroz. De ahí parten rumbo a la casa del novio donde se toca el "Baile del Guajolote". Este baile se llama así porque uno de los acompañantes lleva sobre su cabeza un guajolote blanco y va brincando al compás de la música, al mismo tiempo las muchachas llevan cazuelas con la comida y también van bailando. Se dice que el guajolote es símbolo de la pureza y fertilidad; el color blanco refleja la pureza y la resistencia de quien lo lleva brincando hasta la casa del novio y eso significa fortaleza y fertilidad para la pareja.

Cuando llegan a la casa del novio, este carga en brazos a la novia y la lleva hasta el altar de la casa donde la familia da la bienvenida a la novia, recibiéndola con un sahumador con la fragancia del más fino incienso y bendice a la pareja, agradecen a los padres de la novia por el consentimiento y la confianza para que se realizara el matrimonio.

Adaptado de: http://www.yovivoenmorelos.com.mx

4.2.2. **¿Por que se llama "Baile del Guajolote"? ¿Hay alguna costumbre similar en las bodas de tu país?**

4.2.3. **Resume las tres ideas principales del texto anterior, utilizando las palabras que te proponemos.**

Primera idea

Los momentos especiales • Preparativos • Compromiso de matrimonio • Formalizar

Segunda idea

Velación • Banda de viento • Marchas • Vestido de velación • Vestido de boda • Altar

Tercera idea

Velo • Altar • "Baile del Guajolote" • Pureza • Fertilidad • Santa Misa • Sahumador

4.2.4. **En el texto aparecen fragmentos con las palabras exactas de algunos protagonistas de la noticia. Eso es lo que llamamos estilo directo. Vuelve a leer el texto y marca todos los pasajes en estilo directo. Después, escríbelos en los espacios que te damos a continuación y señala las diferencias como en el ejemplo.**

Ignacio:

"En el primer momento nosotros le informamos a nuestros padres, después mis papás visitan a la familia de mi novia, para que se conozcan y platiquen sobre la decisión que tomamos."

Ignacio dice que en el primer momento ellos le informan a sus padres, después sus papás visitan a la familia de su novia, para que se conozcan y platiquen sobre la decisión que tomaron.

Inés:

"..
....
....
...."

Inés dice que un día antes de la boda, hacen una fiesta después de las ocho de la noche en su casa, ahí llega su novio acompañado de su familia y amigos: desde que salieron de su casa van caminando seguidos de una banda de viento que toca marchas. Que le llevan el vestido de velación y que se lo tiene que poner inmediatamente cuando su novio llega. Que también le dan el vestido y los zapatos para la boda.

El padre de Inés:

"..
....
....
...."

El padre de Inés afirma que es el evento más importante. Que a las doce de la noche, los novios se postran de rodillas ante el altar de la casa de la novia y los familiares y padrinos piden a Dios que el matrimonio sea un éxito.

4.3. **Ahora que señalaron los cambios, completen el cuadro gramatical para comprender mejor cómo se transmiten las palabras de otra persona.**

El estilo indirecto

- Cuando transmitimos a alguien las palabras que otra persona acaba de decir, usamos un verbo introductor como **afirmar** o decir.
- Para introducir información, utilizamos la conjunción que.
- Si la persona habla de sí misma (*yo*) o de un grupo en el que se incluye (*nosotros*), en la transmisión del discurso el verbo cambia de primera persona a tercera persona.

Ejemplos: *Ignacio: "En el primer momento nosotros les **informamos** a nuestros padres".*
Ignacio dice que en el primer momento .... le .... a .... padres.

*Inés: "Un día antes de la boda, **hacemos** una fiesta después de las ocho de la noche en mi casa".*
Inés dice que un día antes de la boda, ... una fiesta después de las ocho de la noche en .... casa.

- Los pronombres personales también cambian.

Ejemplo: *Inés: "**Me** traen el vestido de velación y* Me *lo tengo que poner inmediatamente cuando* mi *novio llega".*
Inés dice que le llevan el vestido de velación y que le *lo tiene que poner inmediatamente cuando* el *novio llega.*

4.4. Ahora, vamos a practicar. El abuelo de Inés está un poco sordo. Ayúdalo transmitiéndole lo que se dice a su alrededor.

1
Juez: "Yo los declaro marido y mujer".
Abuelo: ¿Qué dice?
Tú: Que los declara marido y mujer.

2
Novio: "Sí, quiero".
Abuelo: ¿Qué dice?
Tú: ....

3
Madre: "Estoy emocionada".
Abuelo: ¿Qué dice?
Tú: ....

4
Novia: "Es el día más feliz de mi vida".
Abuelo: ¿Qué dice?
Tú: ....

5
Todos: "¡Vivan los novios!"
Abuelo: ¿Qué dicen?
Tú: ....

6
Padre: "¡Qué feliz estoy, hija!"
Abuelo: ¿Qué dice?
Tú: ....

4.5. Con tu compañero, ordena esta conversación telefónica.

- ○ ► Que llamo para reservar una mesa.
- ○ ▷ Perdón, ¿cómo dice?
- ○ ► Muy bien. Muchas gracias. Adiós.
- ○ ▷ Bien, ¿a qué hora la quiere?
- ○ ► Ah, sí, a las ocho.
- ○ ▷ Que a qué hora la quiere.
- ○ ► Perdón, no le oigo bien, ¿qué dice?
- ○ ▷ ¿Para cuántas personas?
- ○ ► Cinco.
- ○ ▷ ¿Bueno? Restaurante *San Pedro* de Tlaquepaque.
- ○ ► ¿Perdón?
- ○ ▷ Bien, ¿a nombre de quién?
- ○ ► Sí, hola..., buenas tardes. Llamo para reservar una mesa.
- ○ ▷ Le confirmo, a las ocho de la noche, para cinco personas, a nombre de Armando Gutiérrez.
- ○ ► Armando Gutiérrez.
- ○ ▷ Que cuántas personas van a venir.

4.5.1. [25] Ahora, escucha y comprueba.

Transmitir preguntas

- Cuando repetimos una pregunta porque no se ha entendido o no se ha oído, usamos como introductora la conjunción **que** cuando la pregunta es abierta.
  - ► ***Que*** *a qué hora la quiere.*
  - ► ***Que*** *cuántas personas van a venir.*
- Cuando la pregunta es cerrada, es decir, de respuesta sí o no, introducimos la transmisión con la conjunción **(que) si**.
  - ► ***Que*** *si son fumadores.*

4.6. **Haz las siguientes preguntas a tu compañero, pero asegúrate de que no te entiende la primera vez. Para ello, habla muy rápido o muy bajo, con la mano en la boca o haciendo ruido. Tu compañero va a hacerte unas preguntas, seguramente no podrás entenderle la primera vez. No te preocupes, solo pídele que repita para poder responderle.**

alumno-a

1. ¿Qué haces hoy en la noche?
2. ¿Cuándo es tu cumpleaños?
3. ¿Vienes a tomar un café?
4. ¿Te gustan los helados?
5. ¿Dónde te compraste ese suéter tan bonito?

alumno-b

1. ¿Cómo estás?
2. ¿Por qué estás tan serio?
3. ¿Me das un dulce?
4. ¿Qué quieres hacer?
5. ¿Vamos al cine?

4.7. [26] **Olga, tu compañera de departamento, decidió casarse. Desde que lo anunció, no deja de sonar el teléfono y la contestadora está colapsada. Déjale notas con la información de los mensajes de la contestadora para poder borrarlos.**

De los Salones Neliá dicen...

Matilde dice...

Rosa dice...

Tu mamá dice...

4.8. **Dime cómo eres y te diré qué boda quieres. Elegir el modelo de tarjeta de invitación para una boda es algo personal y difícil.**

- ¿Qué les parecen nuestras tarjetas? Reaccionen.
- ¿Cómo son estas invitaciones en su país?

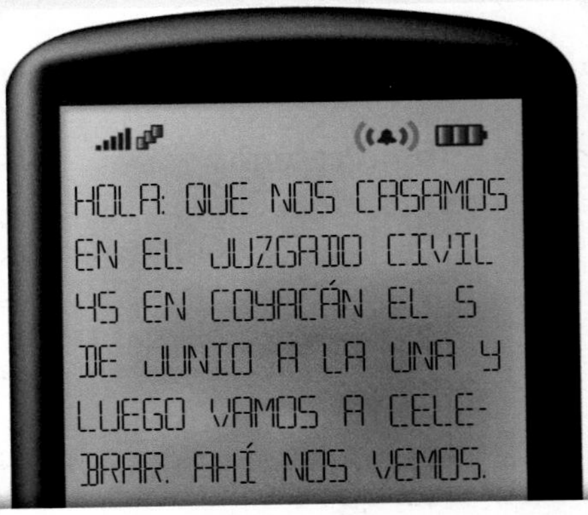

HOLA: QUE NOS CASAMOS
EN EL JUZGADO CIVIL

DE JUNIO A LA UNA Y
LUEGO VAMOS A CELE-
BRAR. AHÍ NOS VEMOS.

Tomás Echenique
Patricio Maugino
Mirta Valero de Echenique
Lucía Aguilar de Maugino
tienen el placer de invitarle al enlace de sus hijos
Patricia y Patricio
que se celebrará el día 15 de mayo
RSVP

Te invitamos a acompañarnos en
EL MAYOR ERROR DE NUESTRA VIDA
El martes 13 de febrero a las 5 de la tarde

4.9. ¿Saben qué es una despedida de soltero?

En Latinoamérica es una costumbre generalizada celebrar la despedida de soltero o soltera, días antes de la boda. Los amigos son los organizadores de la fiesta: cena, baile, sorpresas, bromas, regalos... La fiesta puede durar hasta el día siguiente. La tradición es salir muchachos y muchachas por separado.

¿Cómo se celebra en tu país? ¿Se prepara alguna sorpresa? ¿Se hace algún regalo? Si has estado en alguna, ¿cómo fue? Coméntalo con tus compañeros.

4.9.1. ¿Qué es lo más extraño, sorprendente, emocionante, aburrido u horrible que has oído de una despedida de soltero? Clasifica las siguientes expresiones en el cuadro correspondiente.

de mala calidad

- No podemos hacerlo
- ¡Qué interesante!
- Fantástico
- ¡Eso no, hombre, no!
- ¡Qué chafa!
- ¡Qué aburrición!

Expresar interés y entusiasmo	Expresar desinterés o aburrimiento	Decir que no se puede hacer algo
¡Es maravilloso!	¡Qué mal plan!	No, no.
Que interesante	¡Qué aburrición	No podemos hacerlo
¡Bravo!	¡Qué chafa!	Eso no, hombre no
¡Muy bien!	¡Es que es tan aburrido...!	¡Imposible!
Fantástico		

4.10. [27] ¿Te acuerdas de Olga? El tiempo pasa y sigue muy preocupada, pero también muy ilusionada, con los preparativos de su boda. Escucha con atención y reacciona utilizando alguna de las expresiones anteriores.

NO

1. ....
2. ....
3. ....
4. ....
5. ....

4.11. Preparar una boda es algo bastante complicado. ¿Qué tienen que hacer los novios durante los meses o semanas anteriores a la ceremonia? ¿Es igual en tu país? Explica las posibles diferencias a tus compañeros.

Ejemplo: *Tienen que ir a escoger los regalos de la lista de boda...*

4.12. Se van de boda. Según la boda que han escogido, decidan qué se van a poner, cómo van a ir, qué van a regalar...

• **España:** *cordero*

1. Una prima suya se casa por la iglesia católica, a las ocho de la noche, con banquete y bailes después.
2. Un compañero de clase se casa en Estocolmo, ceremonia civil y comida para la familia.
3. Tu profesor se casa en su pequeño pueblo natal, y lo celebra comiendo borrego• en la plaza del pueblo.
4. Su mejor amigo se casa con una condesa en su palacio de la Toscana (Italia).

CONTINÚA

¿Qué llevar?
ir de largo
ir de corto
ir de smoking
ir formal
ir informal

¿Qué regalar?
algo personal
dinero
algo para la casa: vajilla, juego de cubiertos, juego de café, electrodomésticos, ...

¿Cómo ir?
en coche
en camión
en avión
a caballo
...

Autoevaluación

1. Buscamos algunas palabras en el diccionario. Lee atentamente su significado.

Tomo, -a n. m. 1. Cada una de las partes en que se divide una obra. 2. Importancia, valor y estima. 3. Primera persona del singular del presente de indicativo del verbo *tomar.*

Caro, -a adj. 1. Se aplica a lo que cuesta mucho dinero. 2. (En lenguaje culto o literario) Querido.

Comida n. f. 1. Conjunto de todas las cosas que sirven para comer. 2. (Hacer, dar, ofrecer, celebrar, tener) Acto en que una o más personas, generalmente sentadas frente a una mesa, comen distintas cosas. 3. En sentido restringido, generalmente la del mediodía.

En las siguientes frases, di a qué definición pertenecen las palabras *tomo, caro, comida*.

1. Esta enciclopedia consta de 10 tomos. ....
2. Yo tomo notas en la clase de español. ....
3. Los taxis son muy caros. ....
4. ¡Mi caro amigo Félix!, ¡qué alegría! ....
5. ¿Tenemos suficiente comida? ....
6. ¿A qué hora tenemos la comida? ....

Recuerda que no siempre la primera definición que te da el diccionario es la correcta. Debes fijarte en la función que cumple la palabra que buscas dentro de la frase. Además, es mejor leer los ejemplos que aparecen en el diccionario para estar seguro de que el contexto es parecido.

2. Ahora, haz otras frases contextualizando los significados.

- ....
- ....
- ....

3. Finalmente, anota todas las palabras relacionadas con las anteriores que puedas recordar en tres minutos.

a. Caro, barato, ...

b. Comida, almuerzo, patatas, ...

c. Tomo, libro, ...

Para ampliar y recordar vocabulario, lo mejor es asociar unas palabras con otras, sinónimas, antónimas, de la misma familia o de la misma categoría.

Nos conocemos

RITUALES CON HISTORIA

1. Los rituales son costumbres muy arraigadas y encontrarmos muchos en la cultura de todos los países hispanohablantes. ¿Han oído hablar alguna vez de *"La difunta Correa"* o *"El baño de las nueve olas"*? ¿En cuál de los países del mapa crees que se celebran estos rituales?

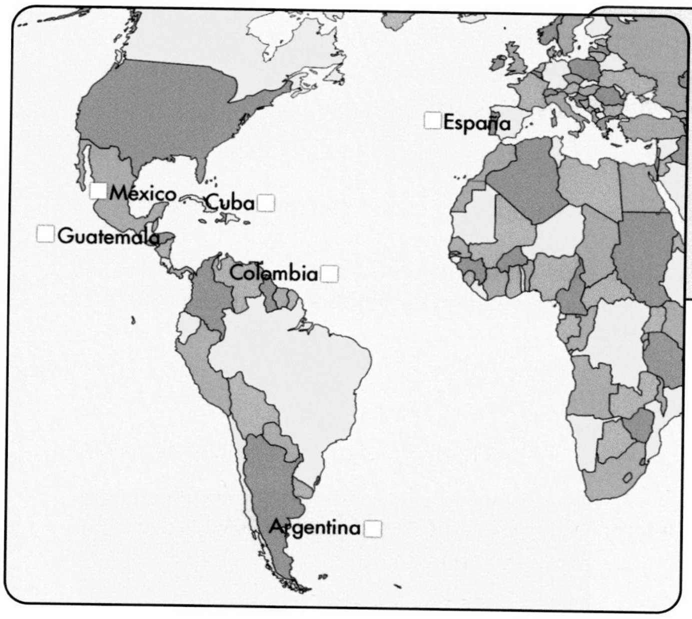

La difunta Correa Argentina

El baño de las nueve olas España

2. Ahora, vas a conocer los dos rituales. Lee los siguientes textos, completa los espacios en blanco con las palabras del recuadro y comprueba si las respuestas anteriores son correctas.

• infertilidad • sed • mal de ojo • olas • oratorio • milagros • botellas de agua • fecundidad

Texto 1: *La difunta Correa*

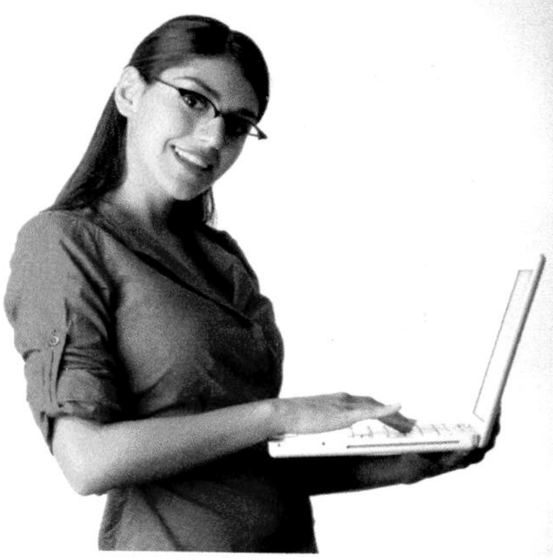

Dice la leyenda que la difunta Correa hace milagros (1) y ayuda a los vivos. Al marido de Deolinda Correa lo reclutaron los militares en las guerras entre unitarios y federales sobre el año 1840 en Argentina. El marido de Deolinda estaba enfermo y ella, con muy poca comida, un poco de agua y su bebé lactante en brazos, lo siguió por toda la provincia de San Juan; pero sus provisiones pronto se acabaron y Deolinda se murió de sed (2). Días después unos arrieros* encontraron su cuerpo sin vida, sin embargo su hijo estaba vivo, alimentándose de su pecho. La enterraron en un valle que pronto se convirtió en un lugar de peregrinación de gente de todas partes del país que consideraban a Deolinda una diosa. En su tumba se construyó un oratorio (3), y después un santuario.

La difunta Correa es una santa popular y sus mayores difusores son los arrieros y camioneros, que levantaron pequeños altares en todas las rutas del país con imágenes de la escultura de la difunta y donde la gente deja botellas de agua (4) para calmar su sed.

*Arrieros: personas que en otras épocas transportaban mercancías de un pueblo a otro con animales de carga (bueyes, caballos, mulas…)

Texto 2: *El baño de las nueve olas* en La Lanzada

Cuenta la tradición que tomar un baño de nueve olas bajo la luna llena, termina con la infertilidad (5). Por este motivo, en una pequeña ermita situada en La Lanzada (Pontevedra, España), una playa de la costa atlántica gallega, celebran el último fin de semana del mes de agosto la romería de la Virgen de La Lanzada.

CONTINÚA

En la medianoche del sábado, todas la mujeres que quieren tener hijos y piensan que son infértiles, toman un baño de nueve olas seguidas (que simbolizan los nueves meses de embarazo) y rozan su vientre contra las ......olas...... (6). Al amanecer van a la ermita y barren el suelo para alejar a los malos espíritus y al ......mal de ojo...... (7). Después se realiza una misa donde se viste a la virgen con las mejores galas.

El baño de las nueve olas de La Lanzada es uno de los más famosos rituales de fertilidad. Muchas mujeres aseguran que es un ritual que funciona, por los poderes mágicos de las aguas de esta parte del océano. El agua es fuente de vida y promueve la ......fertilidad...... (8) de las mujeres que realizan este tipo de ritual.

3. **Escucha con atención los dos textos anteriores y comprueba si tus elecciones son correctas.** [28]

4. **Vuelvan a leer los textos, escriban a cuál de ellos pertenece cada foto y contesten las preguntas. A continuación, comparen las respuestas con su compañero y justifiquen su elección si no están de acuerdo.**

A

1) ¿A qué texto pertenece esta foto? ¿Por qué?

....

2) ¿Cuándo se celebra el ritual?

....

3) ¿Por qué se realiza? ¿En qué consiste?

....

4) Se dice que el deseo de las personas que realizan este ritual siempre se cumple, ¿por qué?

....

B

1) ¿A qué texto pertenece esta foto? ¿Por qué?

....

2) ¿En qué año sucedió la historia de esta leyenda?

....

3) ¿Qué le sucedió a la protagonista de esta leyenda?

....

4) ¿Quiénes han sido los mayores difusores de esta leyenda? ¿Cómo le rinden homenaje a la protagonista?

....

5. **¿Cuál de los dos rituales te gustó más? ¿Por qué? ¿Conocen más rituales que se celebren en Latinoamérica? ¿Y en su país? ¿En qué consiste(n)?**

Unidad 7

Contenidos funcionales

- Descripción de hábitos y costumbres en pasado
- Descripción de personas, animales y objetos en pasado
- Hablar de las circunstancias en las que se desarrolló un acontecimiento

Contenidos gramaticales

- Copretérito: morfología y usos
- Contraste presente/copretérito
- Marcadores temporales: *antes/ahora*
- *Acostumbrar* + infinitivo
- Adverbios y expresiones de frecuencia

Contenidos léxicos

- La casa: el trabajo doméstico
- La escuela
- Etapas históricas
- Inventos y descubrimientos

Contenidos culturales

- El desempeño de las labores domésticas en Latinoamérica
- La escuela mexicana de mediados del siglo XX
- Civilizaciones relacionadas con el mundo hispano: mayas, íberos, aztecas y griegos
- Canción *Un ramito de violetas* de Cecilia
- Literatura: Pablo Neruda y Elena Poniatowska

Nos conocemos

- Un paseo por Centroamérica y la civilización maya

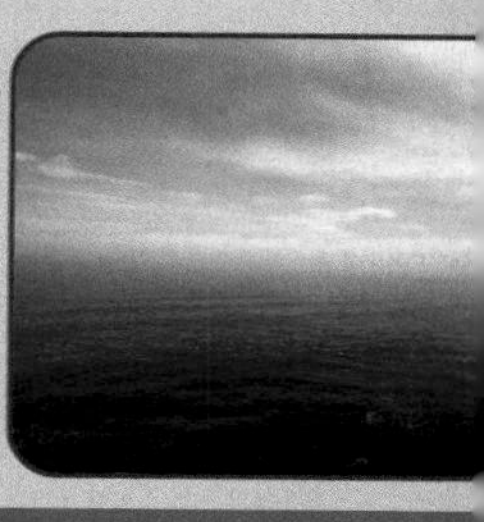

1 Antes y ahora

1.1. **¿Sabes qué significa la palabra "mandilón" en español? Aquí tienen tres acepciones. Discutan cuál es la más adecuada y comprueben en el texto de 1.1.1. su respuesta.**

- [ ] Un mandil grande.
- [ ] Una mujer que usa mandil para hacer trabajo de casa.
- [x] Un hombre que hace trabajo de casa y usa mandil.

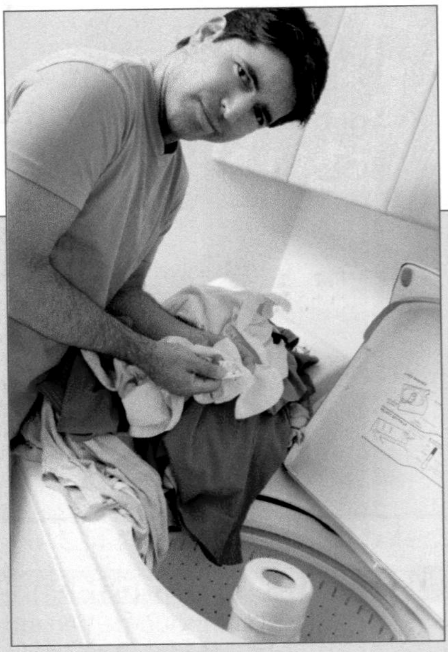

1.1.1. **Lee este texto.**

Antes, las mujeres/esposas se dedicaban casi exclusivamente a las labores domésticas y tenían también a su cargo la educación y el cuidado de sus hijos. Mientras, los hombres/maridos trabajaban fuera de casa para mantener económicamente a la familia. En los últimos años las mujeres latinoamericanas de clase media, muchas de las cuales han tenido acceso a la educación superior, se han incorporado al mundo laboral y contribuyen a la economía familiar. El hombre, poco a poco, comparte las tareas del hogar. Sin embargo muchos latinoamericanos consideran que las labores domésticas no son "trabajo de hombres", que son las mujeres quienes deben hacerlas. Así, el término "mandilón" se emplea despectivamente para aquellos hombres que comparten el trabajo de la casa, y que probablemente usan un mandil cuando lo hacen.

Dada la desigualdad social en América Latina, muchas mujeres de las clases pobres necesitan trabajar, y como han recibido poca educación, tienen que hacerlo como empleadas domésticas en las casas de los más ricos. Son estas jóvenes mujeres, estas muchachas, quienes hacen las labores tradicionales de las amas de casa: cocinar, limpiar, lavar, etc. Es gracias a ellas que las latinoamericanas de clase media pueden trabajar fuera del hogar y no tienen que hacer casi nada cuando vuelven a casa, y sus esposos no tienen que contribuir a las labores domésticas tanto como en otros países.

• Mandilón (coloquial): hombre que ayuda en las tareas del hogar y es ridiculizado por ello.

1.1.2. **¿En tu país es común emplear trabajadoras domésticas? Si lo es, ¿vienen todo el día, solamente por unas horas o son "de pie" (viven con la familia y trabajan todo el día como en México)?**

1.1.3. **En el texto aparece un nuevo tiempo del pasado que se llama copretérito. Anoten las frases donde aparece.**

1. Las mujeres se dedicaban...
2. tenían
3. trabajaban

1.1.4. **Hagan una lista con las tareas domésticas más habituales. Pueden consultar el diccionario.**

hacer la cama
lavar los trastes
ir al super
Barrer

1.1.5. **Completa el recuadro para obtener las formas del copretérito.**

Verbos regulares

	Lav **-ar**	Barr **-er**	Herv **-ir**
Yo	lav**aba**	barr**ía**	herv**ía**
Tú			herv**ías**
Él/ella/usted			
Nosotros/as	lav**ábamos**		herv**íamos**
Ustedes	lavab**an**	barr**ían**	
Ellos/ellas/ustedes	lavaban		herv**ían**

Verbos irregulares

Ser	Ir
era	**iba**
eras	**ibas**
era	**iba**
éramos	**íbamos**
eran	**iban**
eran	**iban**

1.2. **En el cuadro funcional de los usos del copretérito no están los ejemplos siguientes. ¿Puedes ponerlos en su lugar?**

- *La casa donde vivía antes tenía comedor● y entraba mucha luz por las ventanas.*
- *Mientras yo lavaba los trastes, mi novio hacía la comida.*
- *Antes fumaba mucho, no hacía deporte y me sentía mal. Ahora llevo una vida más sana y estoy mucho mejor.*

● **Argentina:** *living*

Usos del copretérito○

- **Expresa acciones habituales en el pasado o costumbres.**
  Ejemplo: *Cuando yo **tenía** tu edad, no **podía** salir hasta muy tarde, **tenía** que estar a las diez en casa.*
  Antes fumaba mucho, no hacía dep. y me sentía mal

○ **España:** *pretérito imperfecto*

- ***Acostumbrar*** **+ infinitivo** también expresa acciones habituales en el pasado.
  Ejemplo: *Cuando éramos pequeños, mi papá **acostumbraba llevarnos** a la escuela en la mañana.*
- **Describe en el pasado.**
  Ejemplo: *Mi abuelo Marcos **era** un hombre fuerte, **tenía** muy buen carácter y **era** muy inteligente. Sus ojos **eran** grises, y su pelo, canoso.*
  la casa donde vivía tenía comedor y ...
- **Presenta una acción en desarrollo en el pasado y no se sabe cuándo comienza o termina.**
  Ejemplo: *Los comerciantes daban probadas● de sus productos en el mercado.*
- **Expresa dos acciones simultáneas en el pasado.**
  Ejemplo: ***Siempre que venía** a vernos, nos **traía** un regalo.*
  mientras yo lavaba los trastes

● **Argentina:** *muestras*

● **España:** *muestras*

Fíjate en los marcadores temporales que pueden acompañar a las acciones habituales en copretérito.

Generalmente	Normalmente	Antes
A veces	Muchas veces	Siempre
Casi siempre	Nunca	Casi nunca

Todos/as { los días / las semanas / los meses / los años

Todas { las mañanas / las tardes / las noches

1.3. [29] **Vas a escuchar una canción de unos payasos muy famosos en España. Antes, la protagonista era la esposa, pero en la nueva versión es el marido quien lo hace todo. Completa los espacios en blanco.**

Lunes antes de almorzar
un marido fue a correr,
pero no pudo correr
porque tenía que ...planchar...
Así ...planchaba..., así, así,
así ...., así, así,
así ...., así, así,
así ...., que yo lo vi.

Martes antes de almorzar
él quería ir al billar,
pero le salió muy mal
porque tenía que ...coser...
Así ...cosía..., así, así,
así ...., así, así,
así ...., así, así,
así ...., que yo lo vi.

Miércoles antes de almorzar
la partida iba a echar,
pero no la pudo echar
porque tenía que ...barrer...
Así ...barría..., así, así,
así ...., así, así,
así ...., así, así,
así ...., que yo lo vi.

Jueves antes de almorzar
un vinito fue a tomar,
y no lo pudo tomar
porque tenía que ...cocinar...
Así ...cocinaba..., así, así,
así ...., así, así,
así ...., así, así,
así ...., que yo lo vi.

Viernes antes de almorzar
un ratito se iba a echar,
pero no se pudo echar
porque tenía que ...lavar...
Así ...lavaba..., así, así,
así ...., así, así,
así ...., así, así,
así ...., que yo lo vi.

Sábado antes de almorzar
un marido fue a pescar,
pero no pudo pescar
porque tenía que ...tender...
Así ...tendía..., así, así,
así ...., así, así,
así ...., así, así,
así ...., que yo lo vi.

Domingo antes de almorzar
con su equipo fue a jugar,
pero no pudo jugar
porque tenía que ...pasear...
Así ...paseaba..., así, así,
así ...., así, así,
así ...., así, así,
así ...., que yo lo vi.

Los días de la semana, Miliki (Emilio Aragón). *A mis niños de 30 años*

1.4. **Aunque las cosas están cambiando en Latinoamérica, y hombres y mujeres se reparten las tareas domésticas, todavía son las mujeres las que, quizá, más tiempo dedican al hogar. ¿Ocurre lo mismo en tu país? Comenta lo que se hacía antes y lo que se hace ahora.**

ANTES	AHORA
Mi abuelo leía el periódico mientras esperaba el desayuno.	Mi padre prepara el desayuno.

2.1. **Miren los dibujos. Representan objetos comunes en una clase de mediados del siglo pasado. ¿Qué diferencias encuentras con tu clase? ¿Qué cosas son iguales o parecidas?**

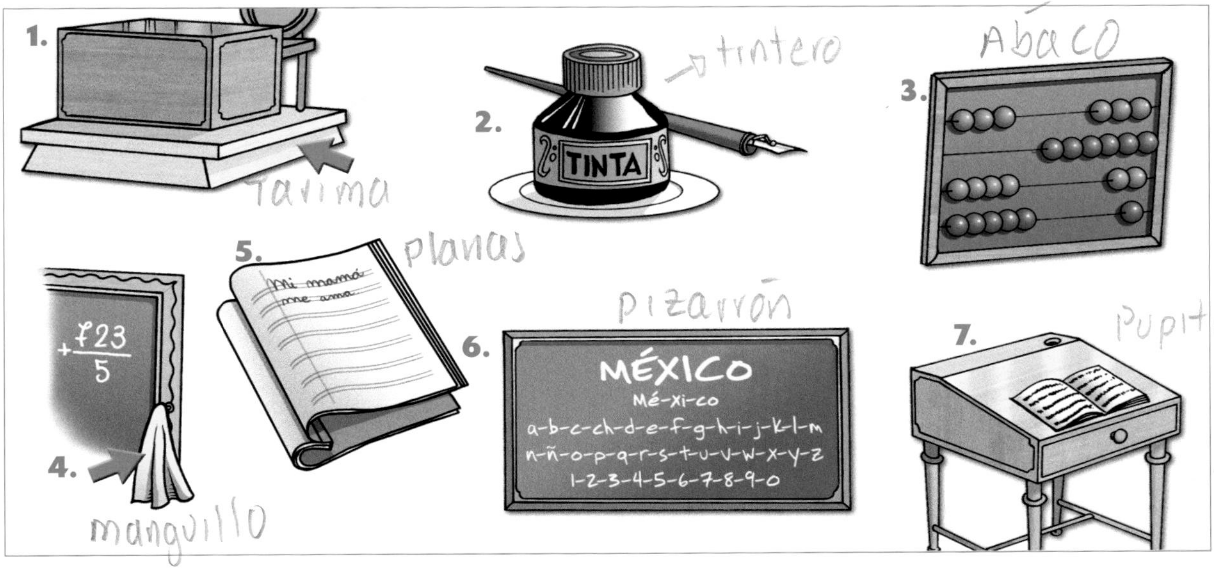

2.1.1. **Lee este texto y completa el dibujo con los nombres marcados en negrita.**

¿Cómo era la escuela en la primera mitad del siglo pasado?

En 1934, solamente uno de cada doce mexicanos iba a la escuela, y era una escuela muy diferente a como es ahora. En las primarias, los métodos de aprendizaje se basaban en la repetición y en aprender las cosas de memoria. Se usaba el **ábaco** y los niños decían a coro las tablas de multiplicar. Los maestros, cuyo escritorio frecuentemente estaba sobre una **tarima**, eran estrictos y podían pegarles a los niños que se portaban mal en clase.

Para copiar del **pizarrón** y para hacer la tarea en su casa, los niños usaban un **manguillo**, y tenían que mojar la punta con tinta, así que los **pupitres** tenían un espacio para el **tintero**. Algunas veces caían gotas de tinta en el cuaderno, y los niños frecuentemente se manchaban los dedos o la ropa. Sin embargo, la presentación y la caligrafía eran muy importantes. Los niños tenían que escribir bonito, en letra manuscrita, por eso hacían **planas** y copias para practicar. A veces llevaban dos cuadernos: el de limpio y el de sucio.

Muchas veces, especialmente en el campo, los niños no iban a la escuela porque tenían que ayudar a sus padres en el campo o en el mercado. Las escuelas se diferenciaban por sexos, es decir, los niños y las niñas no compartían salones. Pocas mujeres estudiaban.

Los maestros ganaban muy poco, sin embargo tenían un gran prestigio social y, en muchas ocasiones, especialmente en los pueblos, su autoridad fuera de la escuela era muy fuerte.

2.1.2. **Señalen si las siguientes afirmaciones son verdaderas o falsas. Justifique su respuesta.**

	Verdadero	Falso
1. El aprendizaje era reflexivo e individual.		X
2. Estaba prohibido pegarles a los estudiantes.		X
3. Era muy importante escribir con buena letra.	X	
4. Los profesores tenían un buen salario.		X
5. Las clases eran mixtas.	X	
6. La mujer no tenía muchas oportunidades de estudio.	X	

2.1.3. **Basándose en el texto, hablen sobre las diferencias entre la escuela de antes y la de ahora en tu país.**

Ejemplo: *El texto dice que se usaba el tintero, pero cuando yo iba a la escuela ya teníamos plumas y ahora, incluso, hay aulas con Internet.*

2.2. **Relacionen las frases según su significado.**

1. Antes jugaba futbol todos los días.
2. Normalmente comíamos en casa los domingos.
3. ¿Qué hacías los lunes?
4. ¿Dónde se veían?

a. Acostumbrábamos comer en casa los domingos.
b. ¿Dónde acostumbraban verse?
c. ¿Qué acostumbrabas hacer los lunes?
d. Acostumbraba jugar futbol todos los días.

2.2.1. **Fíjate en los ejemplos del ejercicio anterior y marca las opciones correctas.**

Verbo *acostumbrar*°

- **Usamos el verbo *acostumbrar* en copretérito + infinitivo, para:**
  - [ ] marcar el desarrollo de una acción.
  - [X] marcar una acción que se repite en el pasado.
  - [ ] describir.
  - [X] marcar un hábito del pasado.
  - [ ] marcar que una acción sucede solo a veces.

• **España:** *soler*

2.3. **Habla de tu niñez. Escribe lo que acostumbrabas hacer y luego compara con tu compañero. ¿Qué tenían en común? ¿Qué era diferente?**

Yo	Mi compañero
Acostumbraba jugar basquetbol los domingos.	Acostumbraba comer en casa de su abuelita.

2.3.1. **Ahora, busca por la clase compañeros con las mismas costumbres que tú cuando eras chico.**

3.1. ¿Conoces a Pablo Neruda? Lee esta breve biografía.

Neftalí Ricardo Reyes Basualto, su nombre verdadero, nace el 12 de julio de 1904, en el pueblo de Parral, Séptima Región de Chile. En el año 1921, gana su primer premio literario y publica su primer libro, *Crepusculario*. En 1924, sale *Veinte poemas de amor y una canción desesperada*, que lo consagra como un gran valor joven de la literatura. A partir de 1927, ejerce de diplomático en distintos países asiáticos. Después de cinco años, vuelve a Chile y, como retrato de su experiencia, escribe *Residencia en la tierra*. En 1934, es trasladado a Barcelona para ser cónsul y en febrero de 1935 va a Madrid para continuar allí su trabajo. Cuando comienza la Guerra Civil española, es destituido y se traslada a París donde escribe *España en el corazón*. Más tarde, es nombrado cónsul general en México donde permanece realizando su labor hasta 1943. Luego, de regreso a Chile, participa activamente en política nacional y recibe en 1945 el Premio Nacional de Literatura. En 1949, se refugia en el extranjero debido a su militancia en el Partido Comunista, que es declarado ilegal en Chile. En 1950 publica en México su obra cumbre: *Canto general*. Viaja mucho y publica múltiples y reconocidas obras hasta que el 21 de octubre de 1971, obtiene el Premio Nóbel de Literatura, siendo el tercer latinoamericano en conseguirlo. Dos años más tarde, el 23 de septiembre de 1973, fallece en Santiago de Chile.

3.2. Antes de escuchar, relacionen las palabras con su definición.

1	Sollozo	•	a	Conjunto de dos personas
2	Casorio	•	b	Legal
3	Nostalgia	•	c	Leve malicia
4	Picardía	•	d	Casamiento, boda
5	Lícito	•	e	Hombre aficionado a las mujeres
6	Consagrado	•	f	Pena por algo que se ha perdido
7	Solterón	•	g	Acreditado por la ley y la religión
8	Mujeriego	•	h	Hombre mayor y sin pareja
9	Anticuado	•	i	Ruido que se hace al respirar cuando se llora
10	Pareja	•	j	Se refiere a la persona que tiene ideas antiguas

3.2.1. Escucha lo que dice su amigo, escritor y periodista, Jorge Edwards, en el reportaje titulado "El poeta casamentero" de *El País Semanal*. Antes de escuchar, lee las preguntas y comenta, después, las respuestas con tus compañeros.
[30]

1. ¿Por qué Pablo Neruda se llamaba a sí mismo *poeta casamentero*?

2. ¿Por qué se le acercaban las parejas? ¿Cómo reaccionaba él?

3. ¿Por qué los solteros no le gustaban?

4. ¿Cómo califica Jorge Edwards a Pablo Neruda con respecto al tema de la pareja?

NO

3.2.2. **Ahora, describe cómo era Pablo Neruda con tus propias palabras, basándote en la información que recibiste.**

....
....
....
....
....
....

3.3. **Piensen en alguien a quien no ves últimamente. ¿Dónde lo viste la última vez?, ¿cómo estaba: contento, triste...?, ¿cómo iba vestido?... Describe la persona y la situación a tu compañero.**

3.3.1. **Vas a leer un poema de amor de Pablo Neruda, "Te recuerdo como eras en el último otoño".**

Te recuerdo como eras en el último otoño.
Eras la boina gris y el corazón en calma.
En tus ojos peleaban las llamas del crepúsculo
y las hojas caían en el agua de tu alma.

Apegada a mis brazos como una enredadera,
las hojas recogían tu voz lenta y en calma.
Hoguera de estupor en que mi sed ardía.
Dulce jacinto azul torcido sobre mi alma.

Siento viajar tus ojos y es distante el otoño:
boina gris, voz de pájaro y corazón de casa
hacia donde emigraban mis profundos anhelos
y caían mis besos alegres como brasas.

Cielo desde un navío. Campo desde los cerros.
¡Tu recuerdo es de luz, de humo, de estanque en calma!
Más allá de tus ojos ardían los crepúsculos.
Hojas secas de otoño giraban en tu alma.

Poema 6, Veinte poemas de amor y una canción desesperada

3.3.2. **¿Cómo era esta mujer? Ayúdennos a completar este cuadro, buscando en el poema las palabras que se piden y, con ellas, deduzcan qué carácter tenía.**

- Una estación del año: el ...otoño...
- Una parte del día: el crepúsculo.
- Colores: gris, ...Azul...
- Palabras que caracterizan algo (adjetivos): apegada, ...lenta..., ...dulce..., ...torcido..., distante, ...profunda ; alegras...
- **Yo creo que la mujer era:** ....

3.3.3. **Vuelve a pensar en tu personaje del ejercicio 3.3. y elige para él los elementos necesarios para construirle el poema que te proponemos.**

- Una estación del año: ....
- Una parte del día: ....
- Colores: ....
- Palabras que caracterizan algo (adjetivos):
  ....
  ....
  ....

Eras el ....
Eras el crepúsculo
Eras gris y ....
Apegada y ....
.... y distante.

4.1. ¡Descubre lo que pasa! En este dibujo van a encontrar algunas cosas que no pertenecen a la época de los faraones de Egipto. Se llaman "anacronismos". Son ocho.

Adaptado de *El País Semanal*

4.2. Aquí tienes viviendas, costumbres, transportes, etc., característicos de un momento de la Historia. Para evitar anacronismos, ¿con qué época o épocas relacionas cada uno de ellos?

	Prehistoria	Edad Antigua	América precolombina	Edad Moderna	Edad Contemporánea
• Casa					
• Castillo					
• Palacio					
• Cueva					
• Departamento					
• Rascacielos					
• Cultivar la tierra					
• Cuidar el ganado					
• Rezar					
• Luchar					
• Hacer deporte					
• Salir a tomar algo					
• Avión					
• Barco					
• Globo					
• Caballo					
• Carreta					
• Carro					
• Moto					

	Prehistoria	Edad Antigua	América precolombina	Edad Moderna	Edad Contemporánea
• Túnica					
• Sandalias					
• Taparrabos					
• Armadura					
• Peluca					
• Sombrero					
• Bastón					
• El reloj de arena					
• La electricidad					
• La rueda					
• El teléfono					
• La brújula					
• El barco de vapor					
• La imprenta					
• El fuego					
• La pluma					
• El petróleo					
• La lámpara de aceite					
• El papel					

4.3. [31] **¿Quién es quién? A continuación te hablamos de pueblos que de alguna forma, más o menos cercana, tuvieron relación con el mundo hispano. ¿Puedes relacionar cada civilización con su texto informativo?**

☐	a. Mayas	
☐	b. Íberos	
☐	c. Aztecas	
☐	d. Griegos	

4.3.1. [31] **Vuelve a escuchar y anota en el cuadro anterior las características más relevantes de cada civilización.**

4.4. **Ahora piensa en un lugar y una época. Tus compañeros tendrán que hacerte preguntas hasta adivinar de qué se trata.**

Ejemplo: *¿Viajaban en barcos de vapor?*

5 ¡Eureka!

5.1. **Piensen en descubrimientos e inventos que han cambiado la historia y hagan una lista.**

Ejemplo: *El fuego.*

5.1.1. **Ahora, pueden discutir qué hacíamos antes de la aparición de esos descubrimientos e inventos.**

Ejemplo: *Antes de conocer el fuego, la gente comía carne cruda, frutos de los árboles y plantas.*

5.2. Hasta ahora hemos hablado de hábitos y costumbres en el pasado. Pero el copretérito sirve para más cosas. Es una imagen del pasado: describe lugares, situaciones y personas y nos indica las circunstancias en las que sucedió una acción. Describe con tu compañero estas imágenes en copretérito.

5.2.1. Con tu compañero, piensa en un descubrimiento, e intenta imaginar las circunstancias que lo rodearon. Después, cuéntenselo a la clase, que tienen que adivinarlo.

5.3. [32] Escucha ahora esta grabación en la que diferentes personas hablan de cómo Internet cambió sus vidas. Señala para qué usan Internet.

	Chatear	Correo electrónico	Información cultural	Vacaciones
Llamada 1	☐	☐	☐	☐
Llamada 2	☐	☐	☐	☐
Llamada 3	☐	☐	☐	☐

5.3.1. [32] **Di si las siguientes afirmaciones son verdaderas o falsas. Lee las frases antes de volver a escuchar el programa.**

	Verdadero	Falso
1. María acostumbraba perder mucho tiempo consultando agencias de viajes antes de contratar sus vacaciones.	☐	☐
2. María nunca hace la reservación de un hotel por Internet, pero mira sus características.	☐	☐
3. A María le resulta sencillo escribir correos electrónicos.	☐	☐
4. Pedro vive en un pueblo y el *chat* le sirve para conocer a muchachas.	☐	☐
5. Pedro antes tenía mucho éxito con las muchachas.	☐	☐
6. Rosa usa Internet para sus clases de arte.	☐	☐
7. Rosa organiza viajes para visitar museos.	☐	☐

5.3.2. **Por último, comenta con tus compañeros qué significa para ti Internet.**

- ¿Qué información buscas en Internet? ¿Cómo la buscabas antes?
- ¿Qué páginas te gusta visitar?
- ¿Te gusta chatear?

Autoevaluación

En esta unidad te parecen difíciles:

- ☐ a. Las explicaciones
- ☐ b. El vocabulario
- ☐ c. Los textos
- ☐ d. Las grabaciones
- ☐ e. Los temas para hablar
- ☐ f. Las tareas de escritura

Consejo: Cada semana dedica un tiempo a pensar en las cosas que vas aprendiendo y a repasarlas mentalmente. También puedes hacer un "semanario" con un resumen de lo estudiado. Algunos ejemplos:

- *Esta semana vimos los presentes. Hay verbos en presente que cambian una **e** de la raíz por **ie**, por ejemplo,* sentir...
- *También estudiamos vocabulario relacionado con los medios de comunicación; en México hay cadenas de televisión públicas y privadas; las películas extranjeras están normalmente dobladas al español...*
- *Repasamos el antepresente; algunos participios irregulares son...*
- *En la unidad cuatro nos presentaron otro tiempo de pasado, el pretérito; el pretérito es un tiempo cerrado y puntual, de duración determinada, se usa para...*

Nos conocemos

UN PASEO POR CENTROAMÉRICA Y LA CIVILIZACIÓN MAYA

1. ¿Han estado alguna vez en Centroamérica? ¿Conocen el nombre de algún país o ciudad? A continuación les presentamos el mapa con los distintos países. Lean con atención el nombre de las siguientes capitales y sitúenlas en el espacio correspondiente.

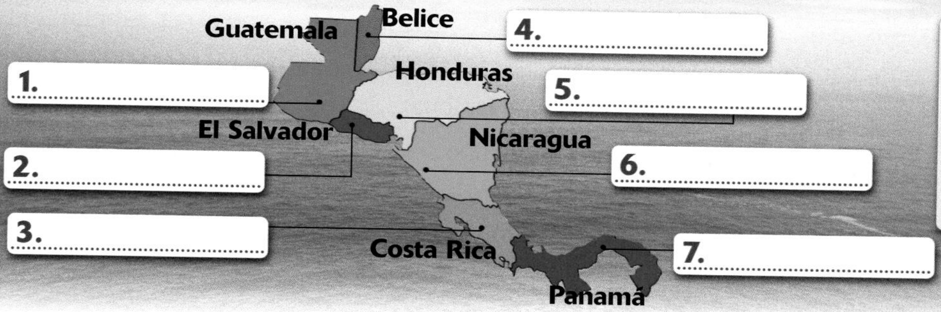

Managua
San José
Panamá
San Salvador
Belmopán
Tegucigalpa
Ciudad de Guatemala

2. Lean las siguientes preguntas sobre Centroamérica, coméntenlas con sus compañeros y señalen las respuestas correctas.

1) Centroamérica está flanqueada por:
- a) el océano Pacífico.
- b) el océano Atlántico.
- c) el océano Atlántico y por el océano Pacífico.

2) El Canal de Panamá está situado en el punto más estrecho del istmo de Panamá entre:
- a) el mar Caribe y el océano Atlántico.
- b) el mar Caribe y el océano Pacífico.
- c) el océano Pacífico y el océano Atlántico.

3) Es una región mayoritariamente:
- a) montañosa y volcánica.
- b) llana.
- c) llana y volcánica.

4) En Centroamérica sobreviven muchas lenguas anteriores a la llegada de los europeos y la más predominante es:
- a) el quechua.
- b) el maya.
- c) el guaraní.

5) Centroamérica es una región compuesta por:
- a) siete países hispanohablantes.
- b) seis países hispanohablantes y uno francófono (Belice).
- c) seis países hispanohablantes y uno angloparlante (Belice).

3. Ahora, lee el siguiente texto, comprueba si las respuestas de los ejercicios son correctas y corrígelas en caso necesario.

Centroamérica, también llamada América Central, es el subcontinente que une América del Norte con América del Sur. El océano Pacífico baña la costa oeste y el océano Atlántico la este; se divide en siete países independientes con sus correspondientes capitales: Guatemala (Ciudad de Guatemala), Belice (Belmopán), Honduras (Tegucigalpa), El Salvador (San Salvador), Nicaragua (Managua), Costa Rica (San José) y Panamá (Panamá). De estos países, todos tienen el español como lengua oficial y mayoritaria, excepto Belice que es un país angloparlante con el inglés como lengua oficial. Sin embargo, también sobreviven muchas familias de lenguas prehispánicas o indígenas, siendo el maya una de las más extendidas. Centroamérica es una región montañosa y uno de los grandes ejes volcánicos de la tierra que cuenta con unos sesenta volcanes en el interior (casi todos apagados) y treinta y uno sobre la costa del Pacífico (casi todos activos).

Tanto en la vertiente atlántica como pacífica, los ríos son cortos debido a la geografía ístmica de la zona. Muchos de ellos funcionan como fronteras entre países como el río Coco, entre Honduras y Nicaragua, o el río Siaxola, entre Costa Rica y Panamá. En el punto más estrecho del istmo de Panamá, exactamente entre el mar Caribe y el océano Pacífico se encuentra el Canal de Panamá, un canal de navegación y pesca, que facilita el transporte marítimo entre los dos océanos.

4. ¿Han oído hablar alguna vez de la civilización maya? Lean detenidamente las siguientes afirmaciones. Solo seis son verdaderas. Señálenlas con una X y justifiquen su respuesta.

a) La civilización maya ocupó una amplia región de América del Sur. ☐

b) Los mayas constituían antiguamente un estado unificado con una lengua única. ☐

c) El sistema de escritura de los mayas era el más completo de todos los pueblos indígenas americanos, y con él escribieron textos de Astronomía, Botánica, Historia, Matemáticas y Medicina. ☐

d) Los mayas se organizaban en varias ciudades-estado y hablaban diferentes lenguas. ☐

e) Las construcciones mayas se hicieron exclusivamente de madera, como por ejemplo, sus templos. ☐

f) El sistema de escritura de los mayas era el más incompleto de todos los pueblos indígenas americanos, y con él solo escribieron textos de Botánica e Historia. ☐

g) Desarrollaron un calendario con un año solar de doce meses de treinta días cada uno. ☐

h) Las construcciones mayas se hicieron de madera y piedra, como por ejemplo, sus templos. ☐

i) Desarrollaron un calendario con un año solar de dieciocho meses de veinte días cada uno. ☐

j) La base de la economía de estos pueblos era la agricultura. ☐

k) La civilización maya ocupó principalmente Centroamérica y cuenta con una historia de aproximadamente tres mil años. ☐

l) La base de la economía de estos pueblos era la pesca. ☐

5. [33] A continuación escucha las explicaciones de un historiador especializado en la civilización maya y comprueba tus respuestas.

6. [33] Observen las siguientes fotos. Vuelvan a escuchar las explicaciones del historiador y completen la ficha.

1) Nombre: ...

2) Situación geográfica: ...

3) Fecha de construcción: ...

4) Nombre del gobernante de la época: ...

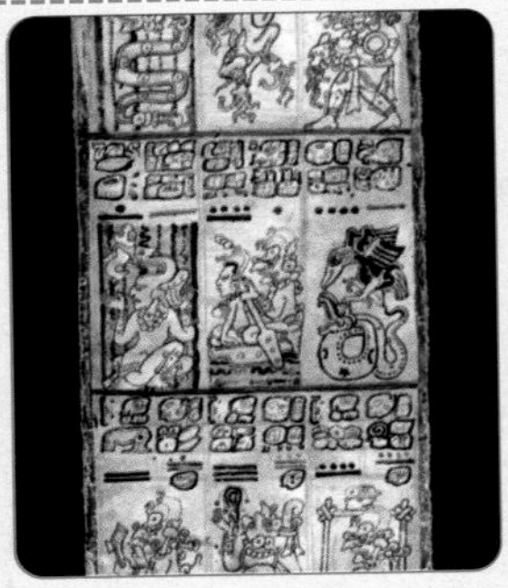

1) Nombre: ...

2) Lugar donde se encuentra actualmente: ...

3) Número de secciones y nombre de las secciones: ...

4) Número de páginas: ...

1) Nombre: ...

2) Número de meses: ...

3) Número de días al mes: ...

4) Representación del primer día de cada mes: ...

Unidad 8

Contenidos funcionales

- Hablar del pasado
- Relacionar dos momentos del pasado
- Hablar de la duración de una acción en el pasado

Contenidos gramaticales

- Revisión de los pasados: pretérito/antepresente/copretérito
- *Antes de/después de/hace/desde hace*/verbo *durar/durante*

Contenidos léxicos

- La Historia
- Introducción al lenguaje político

Contenidos culturales

- Historia contemporánea de México
- Literatura: Max Aub

Nos conocemos

- Eva Perón y Salvador Allende

1.1. **Vamos a recordar los marcadores temporales que generalmente se asocian al antepresente, al pretérito y al presente para hablar del pasado; para ello completa los cuadros correspondientes.**

Presente	Antepresente
aún	nunca
todavía	hasta ahorita
	ultimamente
	alguna vez
	jamás

anoche ese mes
en 1998 el mes pasado
aquel día ya
alguna vez en agosto
jamás el martes
últimamente

Pretérito
ayer
el otro día
el mes pasado

enagos
ya.
el mart
en 1998
aquel día
ese mes
el mes pasado

> **Ya - Aún**
> · Acciones en las que es necesario aclarar si han ocurrido o no.
> ▷¿**Ya** comiste? ▶Sí, **ya** comí. / No, no he comido. / No, **todavía/aún no** como.
> *Es más común: *No todavía/aún no* + presente
> *Es menos frecuente: *No todavía/aún no* + antepresente

1.2. **Escribe cuándo fue la última vez que hiciste estas cosas o si nunca las has hecho.**

· Nunca
· Ayer
· En 1999
· Últimamente
· Anoche
· (Hasta ahorita) nunca
· ...

· leer Don Quijote.
· comer enchiladas.
· conocer a una estudiante suiza.
· ir al Museo Frida Kahlo.
· terminar mi universidad.
· cenar afuera.
· visitar un lugar interesante.
· tomar una foto.

En 1999 terminé mi universidad.
Nunca he comido enchiladas.

1.3. **El antepresente se utiliza más en España que en Latinoamérica. Subraya en estos extractos de novelas los verbos en pasado. Comenta sus usos con tu compañero.**

Lat. A

Texto 1:

▷ ¿Qué tal? ¿Viniste por la Rambla o por la calle Canelones?

▶ Por Canelones, pero había un tránsito infernal. [...]

▷ ¿Viste a Hugo?

▶ No.

▷ Llamó hoy temprano y dijo que si tenía tiempo iría por la Agencia.

▶ Tal vez haya estado, pero yo me fui a las cinco porque tenía que hablar con el viejo.

▷ ¿Cómo está tu padre?

▶ Bien, a lo mejor viene mañana. Y te mandó saludos.

▷ No habrán discutido ¿verdad?

▶ No, casi nada.

▷ ¿Será posible que no puedas hablar con tu padre sin pelearlo?

▶ Pero si hoy casi no discutimos. Siempre hay algún razonamiento. Vos sabés que somos muy diferentes.

Gracias por el fuego (1969),
Mario Benedetti, uruguayo

- utiliza ind. para acciones
terminadas ese día
- utiliza cop. para hablar de las circunstancias
en que ocurrieron

Texto 2:

▷ Hola, señor Raúl. El cartero ha dejado esta carta para usted en la portería. Es de un museo.

Raúl cogió el sobre y leyó el remite. Sí, conocía esa dirección. "¿Serán buenas noticias?" –pensó.

▶ Gracias, señora Sole.

▷ De nada. Le he esperado en la portería para darle la carta, pero no sabía si iba usted a salir hoy y se la he subido. Quizás es urgente. ¿Sabe?

Paisaje de otoño, (2002) Ana María Carretero, española

1.4. **Fíjate en este esquema. Completa las definiciones con el nombre del tiempo (antepresente, copretérito, pretérito) y asocia cada frase con su tiempo verbal.**

Tiempos del pasado

- **Descripción**
  - Acciones habituales
  - Personas o cosas
  - Circunstancias y contextos

  → 1. Imp/copret.

- **Narración**
  - **Acciones y acontecimientos** que ocurrieron en una ocasión en el pasado, aún si es muy reciente. Frecuentemente se especifica cuándo, dónde y en qué ocasión. No relacionados con el presente.

    → 2. ind./pret

  - **Experiencias** que han sucedido varias veces y no importa cuándo. Ocurrieron en un tiempo definido que dura hasta el presente. Relacionadas con el presente.
  - **Acciones** que pueden volver a ocurrir.

    → 3. pret perfec

- ☐ *Era un muchacho alto.*
- ☐ *Hoy llegó tarde.*
- ☐ *De niño, acostumbraba jugar solo.*
- ☐ *Nunca he probado el mate.*
- ☐ *Hoy desayuné chilaquiles verdes.*
- ☐ *Hacía frío y llovía.*
- ☐ *Anoche, el tren salió muy tarde.*
- ☐ *Me habló ayer en la tarde.*
- ☐ *Nunca hemos estado allí.*
- ☐ *He comido pacholas varias veces.*
- ☐ *Comí chilaquiles en Oaxaca.*
- ☐ *Hace dos semanas fuimos al tianguis.*
- ☐ *Últimamente hemos ido al tianguis los fines de semana.*

1.5. **Ahora, lee este confuso texto y completa los espacios con los años mencionados.**

Mi vida es muy complicada. Me casé en **(1)** ....2006...., o sea hace siete años, con una muchacha que conocí tres años antes, es decir en **(2)** ....2003..... Dos años después, en enero de **(3)** ....2005...., mi esposa y yo nos separamos y hace cuatro años nos divorciamos, o sea que estoy divorciado desde **(4)** ....2009..... Pero esto no es todo, porque nueve años antes de casarme, en **(5)** ....1997...., conocí a otra chica y estuve viviendo durante dos años con ella, es decir hasta **(6)** ....1999..... Con ella tuve un hijo tras un año de vivir juntos, quiero decir en **(7)** ....1998..... Mi hijo se llama Luis y vive en Australia con su mamá, no lo veo desde hace cuatro años, es decir, desde **(8)** ....2009...., pero hablamos seguido por teléfono.

Total, que he tenido dos relaciones, una que duró dos años, desde **(9)** ....1997.... hasta **(10)** ....1999...., y otra que empezó cuatro años después y que duró cinco años, de **(11)** ....2003.... a **(12)** ....2008.....

NO

1.5.1. Completa los ejemplos que faltan en el recuadro con frases del texto anterior.

Marcadores temporales

Un momento concreto

- **fecha** — En enero de 2006 / Hace siete años
- **hace + periodo** — hace siete años
- **en + periodo/fecha** —

Relacionar dos momentos

- **antes (de)**
- **después (de)**
- **tras**

La duración de una acción

- **desde... hasta**
- **de... a**
- **desde**
- **verbo *durar***
- **durante**
- **desde hace**

¡Ojo!
Con ***desde hace*** hablamos de la duración hasta el presente y se usa el tiempo presente.

1.6. Ahora, siguiendo el modelo del ejercicio 1.5., escribe sobre tu trayectoria académica, amorosa, profesional...

Ejemplo: *Terminé los estudios hace cinco años. Dos años después...* NO

2 Bueno estaba y se murió

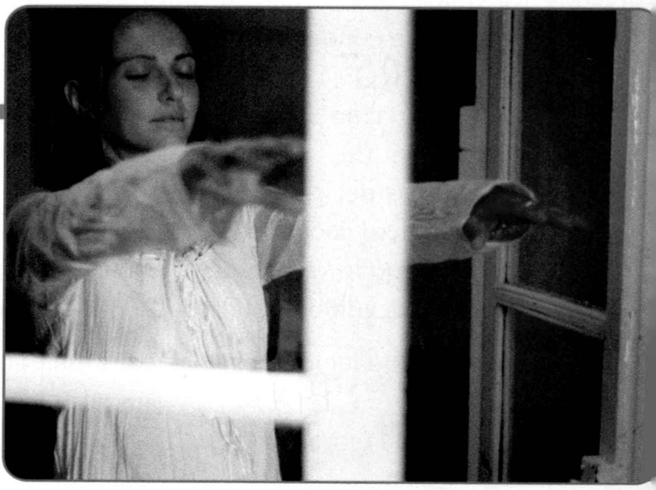

2.1. ¿Qué te sugiere esta foto? ¿Qué le pasa? ¿Conoces a alguien sonámbulo? ¿Conoces alguna historia con sonámbulos?

2.1.1. Cuando hablamos del pasado no podemos olvidarnos del copretérito porque, como viste en el esquema del ejercicio 1.4., con él nos referimos al contexto, describimos las circunstancias o las acciones habituales del pasado. El siguiente relato está fragmentado. Ordénalo y fíjate en las formas del pasado que se utilizan.

1. Era una noche de verano, la luna estaba llena y en el cielo brillaban las estrellas,

2. cuando la mamá y su hija salieron al jardín de la casa

3. Y la hija contestó: "¡Que egoísta! que me has educado con prejuicios y temores, que me consideras propiedad tuya y me has robado la libertad, ¿por qué no me dejas en paz?".

4. y la madre dijo a la hija: "Nunca he podido decírtelo, hija ingrata, que arruinaste mi juventud y te atendí como tu sirvienta, que me convertiste antes de tiempo en una anciana, ¿por qué no maduras y me dejas de dar problemas?".

5. que había en el centro del jardín

6. Fueron junto a la fuente

7. Entonces cantó el gallo de la mañana y las dos mujeres se despertaron. La madre preguntó: "¿eres tú, m'hijita?", y la hija respondió: "sí, soy yo, mami".

8. llevaban los brazos extendidos y tenían los ojos cerrados.

Inspirado en *Las sonámbulas* de Khalil Gibran

1 2 8 6 5 4 3 7

2.2. Aquí tienen una serie de dibujos desordenados. Corresponden a una historia. Primero, ordenen los dibujos. Después, cuenten la historia en pasado. No olviden que en toda historia hay una serie de hechos que se producen en determinadas circunstancias. NO

2.3. **Lee este texto sobre lo que hace Carmen todos los días al volver del trabajo y, luego, ponlo en pasado encabezándolo con el marcador temporal ayer.**

Carmen llega a su casa a eso de las cinco y media de la tarde; su mamá la espera leyendo el periódico.

Mientras Carmen se baña y se cambia, su mamá prepara un café y luego lo toman juntas en el comedor.

Carmen le cuenta a su mamá cosas del trabajo, le dice que todos en la oficina están preocupados porque las ventas bajan cada vez más y nadie sabe qué hacer para terminar con esa situación.

La mamá le comenta a Carmen cosas de la casa y de la familia, le dice que quiere hacer algunos cambios en la sala y que, como se aburre mucho en la casa, está pensando en buscar un trabajo. A Carmen le gusta la idea porque cree que a su mamá le conviene salir más fuera de casa.

Después del café, Carmen y su mamá salen a pasear y a buscar algunas cosas que quieren comprar para la sala. Regresan pronto a casa porque tienen que preparar la cena.

No son todavía las nueve cuando empiezan a cenar; luego, se sientan en el sofá y ven un poco la televisión.

Carmen se acuesta temprano porque está cansada y, además, debe madrugar. Su mamá se queda en la sala porque todavía no tiene sueño y quiere empezar un libro que compró en la tarde.

Ayer Carmen

2.4. **Aquí tienen una serie de sucesos que les ocurrieron. Pregunta a tu compañero qué le pasó, cómo le sucedió, cuándo... Él te explicará las circunstancias y los hechos.**

Ejemplo: ▷ *¿Por qué llegaste tarde?*

► *Porque anoche se fue la luz, se descompuso• el despertador y me quedé dormido.*

NO

• **Argentina:** *se paró* • **España:** *se paró*

alumno a

Tu compañero:

- No tiene fotos de las vacaciones del verano pasado.
- Hoy a mediodía lo viste comiendo en el café.
- Anoche no lo viste en la discoteca.
- El lunes en la mañana estaba de mal humor.

Tú:

- El domingo pasado / esquiar / romperse / pierna
- Ayer / perder el avión
- Hoy en la mañana / llegar tarde a clase
- El otro día / inundarse tu recámara

alumno b

Tu compañero:

- Trae la pierna enyesada.
- Ayer te sorprendió porque te dijo que se iba de viaje.
- Hoy en la mañana no estaba en clase.
- El otro día te habló para pedirte el teléfono de los bomberos.

Tú:

- El verano pasado / perder tu cámara fotográfica
- Hoy a mediodía / quemarse la comida
- Anoche / no poder salir con los amigos
- El domingo en la tarde / aburrirse

3.1. **Algunas de estas fotos pertenecen a hechos recientes de la historia de México. Discute con tus compañeros cuáles son.**

3.2. **Relacionen cada palabra con su definición.**

1 Elecciones	a El que puede ejercer el derecho a votar.
2 Referéndum	b Conjunto de personas que dirigen un Estado.
3 Expropiación	c Consulta que se hace a los electores sobre una cuestión política.
4 Dictadura	d Proceso que sirve para elegir a los representantes políticos.
5 Gobierno	e Conjunto de personas que defienden una misma causa.
6 Partido	f Elección de un candidato.
7 Rebelión	g Acción y efecto de privar a alguien de un bien o derecho, dándole a cambio una indemnización.
8 Voto	h Terremoto de escasa intensidad.
9 Temblor	i Forma de gobierno en donde el poder lo tiene una sola persona no elegida democráticamente.
10 Elector	j Levantamiento público y con cierta hostilidad contra el Estado, con el objetivo de derrocarlo.

3.2.1. [34] **Ahora, vas a escuchar las fechas de algunos acontecimientos importantes de la historia reciente de México. Relaciónalas con el hecho correspondiente en la columna de la derecha.**

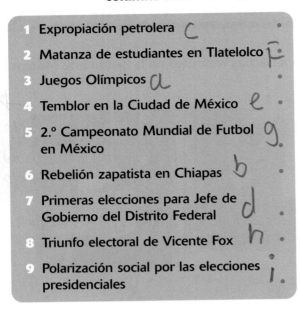

1 Expropiación petrolera c	a 12 de octubre de 1968
2 Matanza de estudiantes en Tlatelolco f	b 1 de enero de 1994
3 Juegos Olímpicos a	c 1938
4 Temblor en la Ciudad de México e	d 1997
5 2.º Campeonato Mundial de Futbol en México g	e 19 de septiembre de 1985
6 Rebelión zapatista en Chiapas b	f 2 de octubre de 1968
7 Primeras elecciones para Jefe de Gobierno del Distrito Federal d	g 1986
8 Triunfo electoral de Vicente Fox h	h Julio de 2000
9 Polarización social por las elecciones presidenciales i	i 2006

3.3. **Lee este texto sobre la historia reciente de México.**

HISTORIA DE MÉXICO

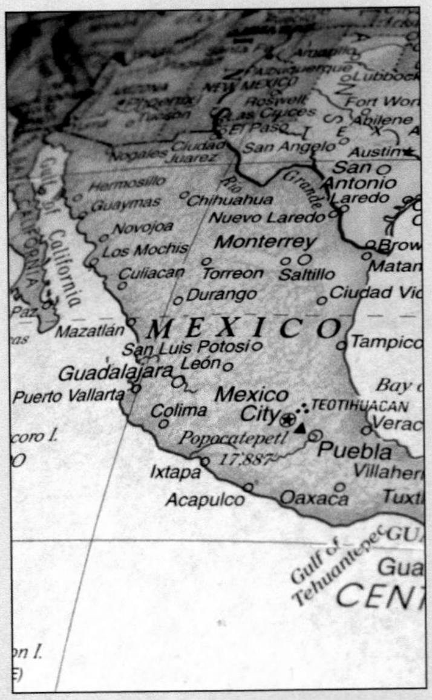

En 1985 hubo un fuerte temblor en la Ciudad de México y otras zonas del país. Muchos edificios relativamente nuevos se derrumbaron y mataron a una gran cantidad de personas. Al miedo y tristeza de la población, se sumó el coraje ante la certeza de que el gobierno había usado materiales de poca calidad para robarse parte del dinero.

Como el gobierno fue incapaz de responder eficazmente al desastre, la población se organizó para realizar el rescate de los heridos y muertos.

Los ciudadanos pensaron que las elecciones de 1988 eran un buen momento para cambiar de gobierno, así que participaron con gran entusiasmo. Parecía que Cuauhtémoc Cárdenas, el candidato de izquierda, iba a ganar la presidencia; de pronto, hubo una falla en el sistema de cómputo; cuando volvió a funcionar, Carlos Salinas, el candidato del gobierno del PRI (Partido Revolucionario Institucional) en el gobierno desde su creación en 1929, iba adelante en el número de votos.

Durante su mandato, Salinas negoció con Estados Unidos y Canadá un Tratado de Libre Comercio (TLC), el cual empezó el 1º de enero de 1994. Ese mismo día, en el estado de Chiapas, uno de los más pobres del país, el Ejército Zapatista de Liberación Nacional (EZLN) se levantó en armas. Ese año hubo varios asesinatos políticos, como el del candidato del PRI a la presidencia, Luis Donato Colosio.

El PRI eligió un nuevo candidato, quien ganó las elecciones y tuvo que enfrentar una gran crisis económica a los pocos días de que empezó a gobernar.

En el 2000, el malestar social contra el PRI era nuevamente muy grande. Vicente Fox, el candidato del PAN, partido de derecha, supo aprovechar el descontento social y ganó las elecciones. Por primera vez desde 1929, un partido de oposición iba a gobernar al país.

NO

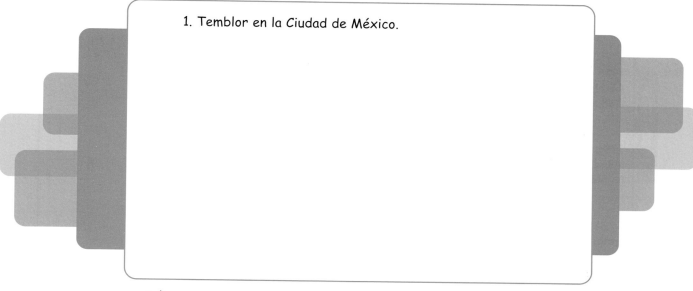

3.3.1. **Del texto anterior, ¿pueden deducir cuáles fueron los hechos más relevantes de la reciente historia de México?**

1. Temblor en la Ciudad de México.

SI

3.3.2. **También pueden hacer lo mismo con la historia reciente de su país. Primero, anoten cuáles les parecen los hechos más relevantes para, luego, explicarlos al resto de la clase.**

3.4. [35] **Ahora, vas a oír a cinco personas que hablan de algunos de estos momentos de la historia reciente de México, contando algunas circunstancias personales; escúchalas y toma nota.**

1. Habla de: ....
....
Circunstancias: ....
....
....
....
....

2. Habla de: ....
....
Circunstancias: ....
....
....
....
....

3. Habla de: ....
....
Circunstancias: ....
....
....
....
....

4. Habla de: ....
....
Circunstancias: ....
....
....
....
....

5. Habla de: ....
....
Circunstancias: ....
....
....
....
....

3.5. Finalmente, vamos a hablar de lo que sucedía, mientras, en el resto del mundo. Primero, toma nota en los recuadros de la derecha de los datos que recuerdes y, luego, di lo que hacías en ese momento.

	México	*En el mundo...*	*Yo...*
1980-1989	1985 Temblor en la Ciudad de México	Pláticas entre Estados Unidos y la Unión Soviética para reducir el número de misiles nucleares.	
	1986 Mundial de Futbol en México	1989 - Caída del Muro de Berlín.	
1990-1999	1994 Tratado de Libre Comercio, TLC	1992 - Estados Unidos y Rusia restablecen relaciones diplomáticas.	
	1998 Huracán Mitch	1996 - Nace la oveja Dolly, el primer animal clonado.	
2000-Actualidad	2000 Primer presidente no priista	2000-2002 Aparece el euro como moneda oficial en Europa.	
	2006 Declaración de la guerra contra el narcotráfico	2008 - Crisis financiera que ocasionó una crisis económica a escala internacional.	

Autoevaluación

1. En esta unidad trabajaste el contraste de tres tiempos del indicativo, ¿cuáles?
2. ¿Qué te resulta más difícil entender?: ¿el antepresente, el pretérito o el copretérito?
3. ¿Existe en tu lengua el copretérito? Si no, ¿qué recursos tienen para expresar sus funciones?
4. Intenta escribir una breve redacción, en pasado, sobre lo que aprendiste acerca de la Historia de México en esta unidad.

EVA PERÓN Y SALVADOR ALLENDE

1. Las siguientes fotos pertenecen a Eva Perón. ¿Saben de dónde era? ¿A qué se dedicó?

2. Tres de las palabras del recuadro no tienen relación con la biografía de Eva Perón. ¿Saben cuáles son? Léanlas atentamente, coméntenlas con su compañero y señálenlas.

☐ radio	☐ gira por Europa
☐ Juan Domingo Perón	☐ derechos de los más desfavorecidos
☐ abogada	☐ presidenta del gobierno
☐ modelo	☐ cine
☐ Chile	☐ teatro

3. A continuación, lee la biografía de Eva Perón y completa los espacios en blanco con las siete palabras correctas del ejercicio anterior.

María Eva Ibarguren nació el 7 de mayo de 1919 en Junín (Argentina) y era la quinta hija de Juan Duarte y Juana Ibarguren. Su padre mantenía dos familias: una legítima con su esposa legal en la ciudad de Chivilcoy; y otra ilegítima con Juana Ibarguren. Eva vivió en el campo hasta la muerte de su padre en 1926, cuando tuvieron que abandonar la estancia en la que vivían y se trasladó con su madre y sus hermanos a la localidad de Los Toldos.

En el año 1935 emigró a la ciudad de Buenos Aires para hacer realidad su sueño de ser actriz y hacerse un nombre en el mundo del ....(1), la ....(2) o el ....(3). Su debut profesional data de ese mismo año con la obra teatral "La señora de los Pérez" para continuar después participando en películas como actriz secundaria e incluso como ....(4), apareciendo en la portada de revistas de espectáculos, como locutora y también actriz de radioteatros. En 1942 recibió un contrato de la Compañía Candilejos, logrando así la estabilidad económica.

En 1944 conoció a ....(5), quien ocupaba en ese momento un lugar destacado en la política nacional, comenzaron una relación sentimental y Eva abandonó su carrera como actriz para participar activamente en la vida política de Argentina. En febrero de 1946 Perón es elegido presidente de la nación y el 22 de octubre del mismo año se casan. Evita sustituyó a su marido en muchos de sus viajes y realizó una ....(6), y a su regreso creó y dirigió La Fundación Eva Perón. Eva abogó activamente por los ....(7) y luchó para lograr la ley que en 1947 reconoció el derecho a votar de la mujer argentina. Poco antes de morir, y gravemente enferma, Eva Perón votó por primera vez en las elecciones de 1951.

Murió el 26 de julio de 1952.

3.1 [36] **Escucha la biografía de Eva Perón y comprueba si las respuestas de los ejercicios anteriores son correctas.**

4. **Ahora que ya conocen a Eva Perón contesten las siguientes preguntas.**

a) ¿Por qué se fue a Buenos Aires? ....

b) ¿Qué cambios experimenta la vida profesional de Eva cuando conoce a Juan Domingo Perón?
....

c) ¿Qué les parece la figura de Eva Perón? ¿Conocen a otra figura del mundo hispano con un perfil similar al de Eva Perón? ....

5. ¿Conocen a Salvador Allende? Lean la siguiente información sobre él y señalen en cada grupo la única que es correcta. Con la información obtenida completen la frase. Coméntenlas con su compañero.

Mario Amorós
Compañero Presidente
Salvador Allende, una vida por la democracia y el socialismo
PUV
Óscar Soto
RBA
EL ÚLTIMO DÍA DE SALVADOR ALLENDE

1.
- a) Médico y político. ☐
- b) Historiador y político. ☐

2.
- a) Presidente de Chile entre 1970 y 1973. ☐
- b) Presidente de Uruguay entre 1970 y 1973. ☐

3.
- a) Uruguayo. ☐
- b) Chileno. ☐

4.
- a) Pertenecía al Partido Socialista. ☐
- b) Pertenecía a la Democracia Cristiana. ☐

Salvador Allende fue un ....
....
....

6. Las siguientes frases están relacionadas con la biografía y trayectoria política de Salvador Allende. Léanlas con atención y relaciónenlas con su significado.

1. Ministro de Sanidad.
2. Grupos opuestos al gobierno.
3. Golpe de Estado.
4. El Palacio de la Moneda.

a. Sede del gobierno en Chile.
b. Responsable del gobierno del Departamento de Salud Pública.
c. Partidos políticos que no están de acuerdo con la política del gobierno.
d. Toma del poder político de forma repentina y violenta por parte de un grupo político o militar.

7. [37] La siguiente biografía sobre Salvador Allende contiene las palabras anteriores. Escúchala con atención, comprueba si las respuestas del ejercicio 6 son correctas y completa el cuadro.

Opositores de Allende

1. Democristianos.
2.

Golpe de Estado

3. El Tancazo por parte de la derecha y algunos sectores de la Democracia Cristiana.
4.

Defensores de Allende

5.

Algunas medidas del gobierno de Allende

6. Socialización de empresas privadas.
7.

8. Las dictaduras militares han formado siempre parte de la historia de muchos países. ¿Conocen otros países de Latinoamérica sometidos a una dictadura similar a la de Chile? ¿Cuáles? ¿Qué información tienen?

Unidad 9

Contenidos funcionales

- Narrar hechos del pasado
- Describir las circunstancias de los hechos del pasado
- Hablar de la primera vez que se hizo algo

Contenidos gramaticales

- Contraste pretérito/copretérito
- *Estar* (copretérito) + gerundio

Contenidos léxicos

- Las noticias, la prensa
- Los cuentos

Contenidos culturales

- Cuentos infantiles: *El lobito bueno*
- Literatura: Gabriel García Márquez, José Agustín Goytisolo y Elena Poniatowska

Nos conocemos

- De adivinanzas, refranes y trabalenguas

1 Noticias frescas

1.1. **Lee esta noticia.**

Boda de la muñeca Barbie

El sábado pasado se celebró, en los salones del Hotel Astoria, la boda de la popular muñeca Barbie con un hombre de mediana edad que responde a las iniciales T.W. y que declaró que estaba enamorado de la muñeca porque en ella vivía el espíritu de una antigua novia suya que se suicidó por amor a él algunos años antes. Al parecer, la difunta, a través de un médium, expresó su satisfacción por este enlace que ella no pudo realizar y dio su consentimiento.

A la ceremonia asistieron decenas de personas; todas eran familiares o amigos del novio. Las mujeres llevaban espectaculares sombreros y los hombres vestían frac. La novia lucía un vestido de un importante diseñador francés y llegó al hotel en una carroza tirada por cuatro *poodles*, mientras el novio la esperaba, impaciente, en el salón principal. La fiesta concluyó con un baile que se prolongó hasta la madrugada.

Adaptado de *Europa Press*

1.1.1. **Recuerda que cuando narramos en pasado (historias, experiencias, anécdotas...) usamos el pretérito para contar los acontecimientos, y el copretérito para referirnos a las circunstancias en las que se produce ese acontecimiento.**

Narrar en pasado

- **Marca temporal** ——→ *El sábado pasado*
- **Información de acontecimientos** ——→ *Se celebró*
- **Circunstancias que rodearon los acontecimientos** ——→ *Estaba enamorado*

1.1.2. **Ahora, vuelvan a leer la noticia y separen los acontecimientos de su contexto poniendo los verbos donde corresponda.**

Acontecimientos o narración	*Contexto o descripción*
Se celebró	Estaba enamorado
declaró	vivía
se suicidó	eran
expresó	llevaban
dio	vestían
asistieron	Lucía
llegó	esperaba
concluyó	
se prolongó	

1.2. **Fíjate también en las siguientes informaciones y en las circunstancias que las rodean, y conjuga los verbos.**

(*Querer*) quería aprender japonés. (*Necesitar*) necesitaba cambiar de aire porque (*estar*) estaba cansada de Bogotá y allí, además, (*tener*) tenía muchas posibilidades de empleo. (*Estar*) estaba muy ilusionada.

Oye, ¿sabes que Carmen se fue hace unos días a Japón?

¿Sabes? Luis dejó los estudios.

Es que no le (*gustar*) gustaba estudiar. (*Reprobar*) reprobaba siempre los exámenes. (*Preferir*) prefería trabajar, pero sus papás no le (*dejar*) dejaban.

¿Marta? Pues se divorció hace un año.

Su esposo (*ser*) era muy aburrido y nunca (*querer*) quería salir, y además (*estar*) estaba siempre en su oficina y apenas se (*ver*) veían.

D
¿Por qué ya no sales con Pepe?

Pues porque (*ser, nosotros*) éramos demasiado diferentes y nunca nos (*entender*) entendíamos. A él le (*gustar*) gustaba estar siempre en la casa, yo (*preferir*) prefería salir, él (*odiar*) .... viajar y yo (*tener*) tenía que irme de vacaciones sola. En fin, que (*ser*) éramos incompatibles.

E
¿Por qué vendiste aquel carro?

Porque no me (*hacer*) hacía falta, (*vivir*) vivía muy cerca de mi trabajo y (*poder*) podía ir caminando; además, la gasolina y el seguro (*costar*) costaba mucho y yo entonces (*ganar*) ganaba muy poco.

1.3. Hagan un poco de memoria y escriban las circunstancias que rodearon algunos hechos de tu vida. Aquí les hacemos unas sugerencias.

- Cuando conociste a tu pareja.
- Tu primer día de escuela o trabajo.
- Cuando sacaste la licencia de manejo.
- Tu primer beso de amor.
- Cuando llegaste a la universidad.
- Tu primer viaje al extranjero.
- Cuando...

Cuando saqué la licencia de manejo, hacía mucho calor porque era verano y además teníamos que esperar en un jardín y había mucha gente antes que yo. Estaba muy nervioso y me dolía un poco la cabeza.

1.4. **Ahora, transforma cada información que cuenta, en presente, este personaje de acuerdo con los marcadores temporales que tienes al lado.**

- *Hoy en la mañana*: Cuando me levanto son las ocho.
- *Esta semana*: No te hablo porque no tengo la agenda y no sé a quién pedirle tu número.
- *El verano pasado*: Al final vamos de vacaciones a Montepío porque es más barato y hay menos gente.
- *Este fin de semana*: Juan no va a la fiesta porque le duele una muela, y María no puede porque tiene mucho trabajo.
- *El domingo pasado*: Nos quedamos en la casa porque hace frío y llueve, tomamos un café y vemos una película en la tele.
- *Ayer en la tarde*: Cuando salgo de mi casa está lloviendo y no tengo tiempo para volver a buscar un paraguas.
- *Este invierno*: Conozco a un muchacho que es danés y que habla siete idiomas.
- *Hoy en la tarde*: No hablo a Juan para ir de compras porque tengo un examen.

1.5. **Aquí tienes tres noticias más. Conjuga los verbos según la información que aportan, narración o descripción.**

Noticias breves

Valioso cuadro robado en una iglesia

Ayer, a las once de la mañana, **(1)** *(desaparecer)* .... de la iglesia donde **(2)** *(encontrarse)* .... expuesto un cuadro firmado por un discípulo de Caravaggio. Según el párroco, cuando se **(3)** *(producir)* .... el robo, en la iglesia **(4)** *(haber)* .... decenas de personas porque se **(5)** *(estar)* .... celebrando la misa, así que la policía no se explica por qué nadie **(6)** *(poder)* .... ver nada si el cuadro **(7)** *(estar)* .... en una capilla próxima al altar mayor.

Noticias breves

Psicólogos para animales

El pasado día 23 **(1)** *(graduarse)* .... la primera generación de psicólogos para animales. Los recién graduados **(2)** *(estudiar)* .... durante cuatro años el comportamiento de distintas especies. En los laboratorios de la facultad **(3)** *(haber)* .... tarántulas que **(4)** *(estar)* .... deprimidas, gallinas que **(5)** *(sufrir)* .... insomnio e incluso una serpiente que **(6)** *(mostrar)* .... síntomas de paranoia. No obstante, los estudiantes nos **(7)** *(informar)* .... que **(8)** *(estar)* .... más preparados para tratar a perros y gatos, que **(9)** *(parecerse)* .... más a las personas.

- **Argentina:** *rebajas*
- **España:** *rebajas*

Las baratas

Ayer **(1)** *(empezar)* .... las baratas. Centenares de personas **(2)** *(esperar)* .... durante horas ante las puertas de los grandes almacenes la hora de apertura, las diez; muchas, incluso, **(3)** *(pasar)* .... la noche allí porque **(4)** *(querer)* .... ser las primeras.

Lo peor, según **(5)** *(comentar)* .... algunos clientes, **(6)** *(ser)* .... que **(7)** *(hacer)* .... mucho frío y que después, en las tiendas, no se **(8)** *(poder)* .... ni andar porque **(9)** *(haber)* .... demasiada gente. Además, los productos interesantes **(10)** *(desaparecer)* .... enseguida y luego solo **(11)** *(quedar)* .... lo que nadie **(12)** *(querer)* ....

1.6. [38] **Escucha los encabezados de estas tres noticias y escríbelos en los recuadros.**

Circunstancias	*Hechos*

1. **Encabezado:** una mujer de 85 años asalto la sucursal de un banco

2. **Encabezado:** un virus infomático repartió los fondos del banco mundial entre los pobres

3. **Encabezado:** Profesor de español agredido

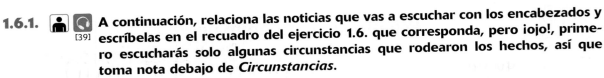

1.6.1. [39] **A continuación, relaciona las noticias que vas a escuchar con los encabezados y escríbelas en el recuadro del ejercicio 1.6. que corresponda, pero ¡ojo!, primero escucharás solo algunas circunstancias que rodearon los hechos, así que toma nota debajo de *Circunstancias*.**

1.6.2. [40] **Finalmente vas a oír la narración de los hechos; haz lo mismo que antes, pero esta vez toma nota debajo de *Hechos*.**

1.6.3. **Ya tienen toda la información, ¿por qué no la ordenan con su compañero y se la cuentan al resto de la clase?**

1.7. **Y, por último, ¿por qué no escriben ustedes las noticias? Aquí tienen algunos encabezados, pero pueden imaginar otros.**

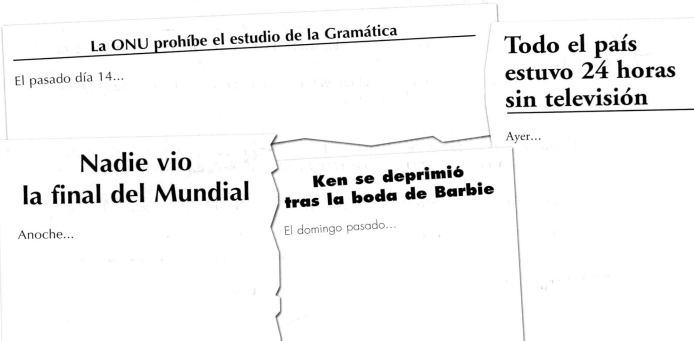

La ONU prohíbe el estudio de la Gramática

El pasado día 14...

Todo el país estuvo 24 horas sin televisión

Ayer...

Nadie vio la final del Mundial

Anoche...

Ken se deprimió tras la boda de Barbie

El domingo pasado...

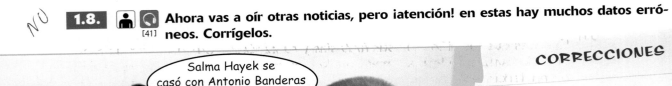

1.8. [41] **Ahora vas a oír otras noticias, pero ¡atención! en estas hay muchos datos erróneos. Corrígelos.**

Salma Hayek se casó con Antonio Banderas en Disneyworld.
No, qué va... se casó con François-Henri Pinault en Mónaco.

CORRECCIONES

2.1. Lee estos encabezados de prensa y asegúrate de que los entiendes.

- **a.** Un equipo de científicos ingleses ha conseguido por primera vez la clonación de un animal.
- **b.** La orca del zoológico de Barcelona ha sido trasladada a un recinto más amplio. Según sus cuidadores, el animal estaba muy estresado.
- **c.** El portavoz de una secta ha hecho público el nacimiento del primer ser humano clonado.
- **d.** En Inglaterra se combaten el estrés y la depresión con sesiones de luz solar.
- **e.** Se presenta en el Salón Internacional del Automóvil el primer vehículo de fabricación española que funciona con energía solar.
- **f.** El alcalde propone prohibir el tráfico de coches por el centro de la ciudad durante el fin de semana.

2.1.1. [42] **Ahora vas a escuchar un programa de radio en el que algunos niños comentan estas noticias. Relaciona los comentarios con los encabezados anteriores.**

Niño 1: ...... encabezado e	**Niño 3:** ...... encabezado a	**Niño 5:** ...... encabezado c
Niño 2: ...... encabezado b	**Niño 4:** ...... encabezado F	**Niño 6:** ...... encabezado d

2.1.2. **¿Qué palabras o expresiones usan los niños para referirse a...?**

1. La clonación: Hacer una copia
2. Orca: Ballena
3. Energía solar: los rayos del sol
4. Estrés: volverse loco
5. El alcalde: el jefe de la ciudad

2.2. **Ya sabes que los niños con sus fantasías y su particular modo de ver las cosas, hacen que todo cambie de forma y nada sea lo que parece, que, incluso las cosas ordinarias se conviertan en extraordinarias. Esto es, precisamente, lo que cuenta Elena Poniatowska en la historia titulada Lilus Kikus. En el fragmento que vas a leer, la autora describe la poderosa imaginación de una niña muy diferente a las demás, describe sus creencias, sus manías y sus explicaciones de la vida.**

NO

Desde que fue al rancho de un tío suyo, Lilus encontró sus propios juguetes. Allí tenía un nido y se pasaba horas enteras mirándolo fijamente, observando los huevitos y las briznas de que estaba hecho. Seguía paso a paso, con gran interés todas las ocupaciones del pajarito: "Ahorita duerme... al rato se irá a buscar comida". Tenía también un ciempiés, guardado en un calcetín, y unas moscas enormes que operaba del apéndice. En el rancho había hormigas, unas hormigas muy gordas. Lilus les daba a

CONTINÚA

beber jarabe para la tos y les enyesaba las piernas fracturadas. Un día buscó en la farmacia del pueblo una jeringa con aguja muy fina, para ponerle una inyección de urgencia a Miss Lemon. Miss Lemon era un limón verde que sufría espantosos dolores abdominales y que Lilus inyectaba con café negro. Después lo envolvía en un pañuelo de su mamá; y en la tarde atendía a otros pacientes: la señora Naranja, Eva la Manzana, la viuda Toronja y don Plátano. Amargado por las vicisitudes de esta vida, don Plátano sufría gota militar, y como era menos resistente que los demás enfermos, veía llegar muy pronto el fin de sus días.

2.2.1. **Subrayen primero y, luego, comenten con sus compañeros todos los elementos que les parezcan fruto de la imaginación de la protagonista.**

2.2.2. **Seguro que conocen otras historias, libros o películas en los que se presenta la visión del mundo de un niño o una niña. ¿Por qué no comentan quiénes eran los personaje y qué tenían de peculiar? Aquí tienen algunos ejemplos.**

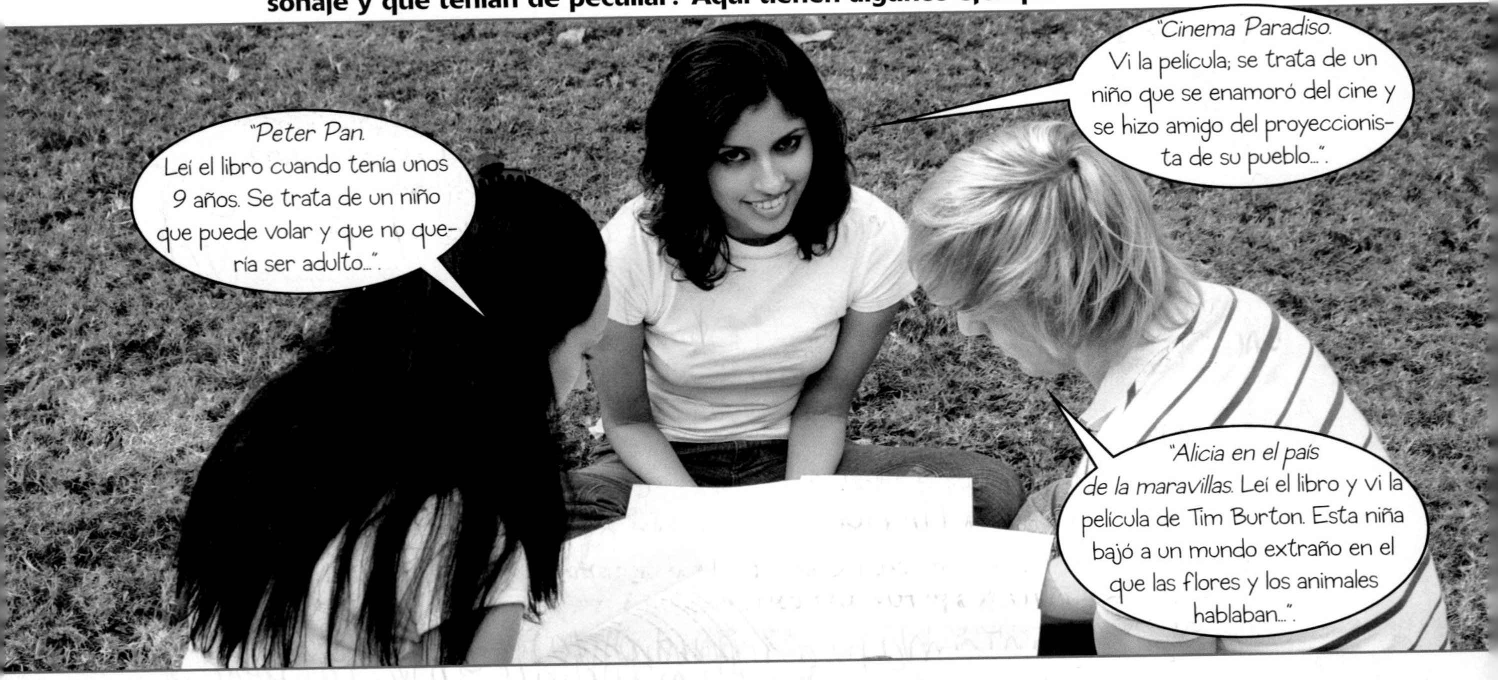

2.2.3. **Junto a tu compañero, elige una de las situaciones que tienen abajo y traten de imaginar cómo la vería Lilus Kikus. No olviden usar los pasados y diferenciar la narración de la descripción.**

- Una boda
- Un primer día de baratas
- Un concurso de belleza
- Una inundación
- Un desfile de carnaval
- Una visita al zoológico
- Un vuelo en helicóptero
- Una cirujía
- Una corrida de toros
- Un ballet clásico
- Una manifestación política
- Un entierro
- El rodaje de una película

3.1. ¿Conocen a estos personajes? ¿Cómo se llaman en tu lengua? ¿Conocen sus historias? ¿Cuál es su cuento favorito?

3.2. **Relacionen cada personaje con los adjetivos que lo caracterizan.**

1. Malo/mala
2. Tuerto/tuerta
3. Feo/fea
4. Peludo/peluda
5. Ladrón/ladrona
6. Guapo/guapa
7. Feroz
8. Viejo/vieja
9. Hambriento/hambrienta
10. Hechicero/hechicera
11. Valiente
12. Bueno/buena

Lobo:
1 2 3 4 5 6 7 8 9 10 11 12

Bruja:
1 2 3 4 5 6 7 8 9 10 11 12

Príncipe:
1 2 3 4 5 6 7 8 9 10 11 12

Pirata:
1 2 3 4 5 6 7 8 9 10 11 12

3.2.1. **A continuación, lee este poema de José Agustín Goytisolo y compara los adjetivos que describen a los personajes con los que tú seleccionaste.**

Érase una vez
un lobito bueno
al que maltrataban
todos los corderos.
Y había también
un príncipe malo,
una bruja hermosa
y un pirata honrado.
Todas estas cosas
había una vez.
Cuando yo soñaba
un mundo al revés.

José Agustín Goytisolo

José Agustín Goytisolo nació en Barcelona en 1928 y murió en 1999. Poeta y narrador. En 1956 ganó el premio Boscán con *Salmos al viento*, uno de sus libros más significativos. En *Elegías a Julia Gay* (1993), reunió todos los poemas de tema materno. En 1984, da a conocer sus cuentos: *La bruja hermosa, El pirata honrado* y *El lobito bueno.*

3.2.2. Vas a escuchar la narración del cuento *El lobito bueno*. Pon atención y ordena [43] las viñetas.

3.2.3. Hagan un resumen de los acontecimientos principales del texto. No olviden explicar las circunstancias que los rodean. ¿Cuál es la moraleja?

3.3. Lee la siguiente explicación.

Copretérito progresivo

Podemos expresar las circunstancias que rodean hechos con el **COPRETÉRITO de ESTAR + GERUNDIO** para hablar de algo que estaba ocurriendo en un momento del pasado. La situación o acción había empezado pero no había terminado en un cierto momento cuando otra acción ocurrió o estaba ocurriendo. Usamos este tiempo al contar historias para describir el contexto de las acciones principales.

Ejemplos: *Cuando llegamos a la casa, el lobito bueno nos* ***estaba esperando****.*
Estaba lloviendo *cuando salí de casa.*
Mientras estudiaban, yo ***estaba limpiando****.*

3.3.1. Ahora, con las palabras que te damos, y utilizando el copretérito de *estar* + gerundio, escribe frases.

a. Caperucita Roja – recoger flores – lobo – llegar

b. Blancanieves – cocinar – enanitos – trabajar

c. Bella Durmiente – dormir – príncipe – darle un beso

d. Cenicienta – limpiar – paje – entregar el zapato de cristal

e. Ovejas – comer – lobo – acercarse

Tarea

3.4. **Finalmente, ¿por qué no escribes tú un cuento "al revés" siguiendo este esquema?**

EL BOSQUE MARAVILLOSO

1. Érase una vez...
   - Descripción del protagonista
   - Descripción del bosque
   - Descripción del entorno social (amigos, familia, amor...)
2. Pero un día ...
   - Aparece un grave problema en el bosque
   - El protagonista sale del bosque para buscar una solución
3. De repente...
   - El protagonista se tiene que enfrentar a un ser malvado
   - Alguien con poderes mágicos lo ayuda y vence
4. Por fin...
   - El protagonista vuelve al bosque con el remedio
   - Todos lo celebran
   - Cambia la situación o estado del protagonista

Colorín, colorado, este cuento se ha acabado.

Haz memoria 4

4.1. **En esta actividad vamos a recordar, así que fíjense en las circunstancias que hay abajo, hagan memoria y comenten a sus compañeros algún momento de su vida en que se dieron.**

Ejemplo: *Cuando me caí, todo el mundo me miraba, ¡qué vergüenza!*

Todo el mundo me miraba
Quería irme de allí inmediatamente
Tenía miedo
Estaba muy nervioso/a
No podía creerlo
Me sentía muy ridículo/a
Me dolía todo el cuerpo
Estaba un poco mareado/a
Quería llamar a la policía
Necesitaba dinero y no tenía
No podía hablar
Mi papá estaba muy enojado
Mi pareja no paraba de llorar

4.2. **Vamos a seguir recordando. Piensa en cosas que creías cuando eras niño y que luego descubriste que eran falsas, cuéntaselas a tu compañero y explícale cómo supiste la verdad. ¿Coinciden?**

Algunas ideas:
- Quién es Santa...
- Qué es la lluvia...
- De dónde sale el dinero...
- Qué les ocurre a los niños malos...

La primera vez que comí zanahoria fue el año pasado. Era domingo y estaba con mis amigos en el campo; uno de ellos encontró una zanahoria y me invitó a probarla. Ese día no me gustó nada, pero, ahora, soy un adicto.

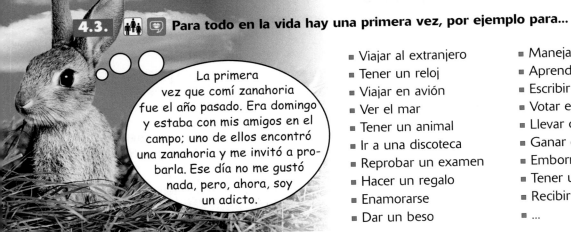

4.3. **Para todo en la vida hay una primera vez, por ejemplo para...**

- Viajar al extranjero
- Tener un reloj
- Viajar en avión
- Ver el mar
- Tener un animal
- Ir a una discoteca
- Reprobar un examen
- Hacer un regalo
- Enamorarse
- Dar un beso
- Manejar
- Aprender un idioma
- Escribir una poesía
- Votar en las elecciones
- Llevar corbata o tacones
- Ganar dinero
- Emborracharse
- Tener un carro
- Recibir una carta de amor
- ...

Añadan otras acciones a esta lista y cuenten a sus compañeros cómo fue la primera vez que hicieron todas estas cosas; no olviden describir cuáles eran las circunstancias.

Pero recuerda que, si no has realizado todavía alguna de estas acciones, debes usar el presente o el antepresente (el primero es más común):

*Yo **aún no** he viajado al extranjero.*

4.4. [44] **Unos estudiantes extranjeros cuentan la primera vez que hicieron algo. Tienen algunos problemas con el uso de los pasados, así que escucha lo que dicen, encuentra los cinco errores que cometen y corrígelos.**

	Dicen	***Deberían decir***
1.		salí estudiaba
2.		
3.		
4.		
5.		

Autoevaluación

1. ¿Recuerdas el titular de alguna de las noticias que leíste en esta unidad? Escríbelo.
2. De los tiempos del pasado, ¿cuál sirve para la descripción y cuál para la narración?
3. Si en lugar de "Barbie bailaba con su novio" podemos decir "Barbie estaba bailando con su novio", ¿podemos decir también "Barbie estaba siendo guarita" en lugar de "era guarita"? Razona tu respuesta.
4. En esta unidad trabajaste con prensa, con historias de niños y con tus propios recuerdos. ¿Qué crees que te ha ayudado más?

DE ADIVINANZAS, REFRANES Y TRABALENGUAS

1. La historia de los pueblos de Latinoamérica está formada por una gran variedad de historias de tradición oral. ¿Saben qué significa este término? A continuación lean la siguiente información y escriban una definición.

- escritura ☐
- habla ☐
- invariable ☐
- entretiene pero no refleja la cultura ni la historia de los pueblos ☐
- variable ☐
- trabalenguas ☐
- existe una única forma de transmitir las historias de tradición oral ☐
- entretiene y transmite la cultura y la historia de los pueblos de generación en generación ☐
- las historias de tradición oral se pueden contar de muchas formas ☐
- novelas ☐
- refranes ☐
- adivinanzas ☐

Las historias de tradición oral ....
....
....

2. [45] Jairo es un historiador que viaja por Latinoamérica enseñando a niños y mayores historias de tradición oral. Escucha un fragmento de la presentación que hizo en su último congreso en Montevideo con el nombre de "Hablar y contar", comprueba si la definición que escribiste es correcta y corrígela en caso necesario.

2.1. [45] A continuación escucha de nuevo a Jairo y relaciona cada etiqueta con su definición.

1. Adivinanzas •
2. Refranes •
3. Trabalenguas •

- • a. Frases con palabras en las que se repiten las sílabas y hacen difícil la pronunciación.
- • b. Juegos o pasatiempos que consiste en describir algo con rima. Para descubrir la palabra oculta, tienes que utilizar la imaginación.
- • c. A veces son frases muy cortas, otras veces son versos con ritmo pero todas quieren enseñar o dar un consejo.

4. A continuación les presentamos las siguientes adivinanzas. Léalas con atención y encuentren su respuesta relacionándolo con la foto adecuada y escriban su nombre debajo.

1) "Agua pasa por mi casa, cate de mi corazón, el que no me lo adivine será un lindo cabezón". ☐

2) "Fui a mi casa, compré negritos, llegué a mi casa y se pusieron coloraditos". ☐

3) "Oro no es, plata no es, adivíname lo que es". ☐

4) "Siempre quietas, siempre inquietas, de día dormidas, de noche despiertas". ☐

a

b
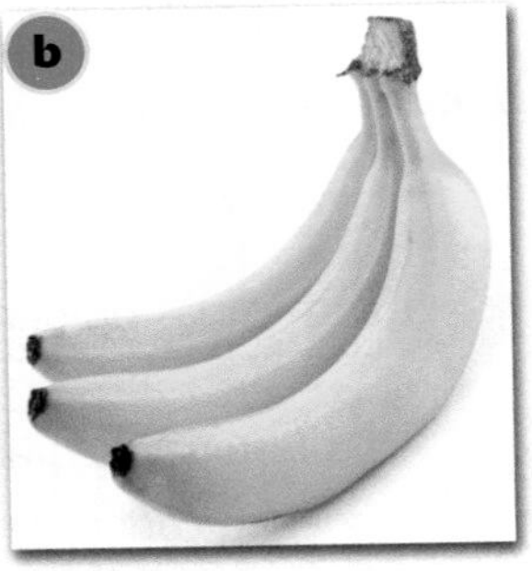

c

d

5. ¡Ahora vamos a aprender refranes! Relacionen las tres columnas y encontrarán un refrán con su significado. A continuación completen los espacios en blanco de los diálogos con el refrán correspondiente.

1) Al pan, pan,	a) oídos sordos.	A) No hay que hacer caso a la gente que habla sin conocimiento o dice cosas malas con la intención de hacer daño.
2) A palabras necias,	b) y se toma el pie.	B) Ser directo, decir la verdad y llamar a las cosas por su nombre.
3) Le das la mano,	c) al vino, vino.	C) Abusar de la confianza que te da una persona.

Diálogo 1:

María: ¿Cómo estás Ana?

Ana: Muy decepcionada. Mi amiga estaba buscando piso y yo le dije que podía estar en mi casa durante unos días. Lleva más de un mes en casa y hoy me dijo que se queda a vivir aquí, porque está más a gusto y no tiene que pagar renta…

María: ______________________________.

Diálogo 2:

Juan: ¿Sabes? Ana siempre está hablando mal de la gente por detrás. Nadie le cae bien y no me gusta su negatividad.

María: Pero Juan, ¿por qué le haces caso? ______________________________.

Diálogo 3:

Marta: Ayer le dije a Miguel todo lo que pensaba de él.

Juan: ¿En serio, Marta? ¿Le has dicho todo lo que piensas? ¿Lo bueno y lo malo?

Marta: Sí, sí, todo. Yo soy así. ______________________________.

6. ¡Concurso de trabalenguas! Divídanse en dos grupos: A y B. Los estudiantes de cada grupo tienen que repetir en voz alta los siguientes trabalenguas hasta llegar al último miembro. En el caso de que uno de ellos se equivoque, tienen que empezar desde el principio. ¡El grupo que llegue más rápido al final, será el ganador!

1. "Erre con erre guitarra; erre con erre barril, mira qué rápido ruedan las ruedas del ferrocarril".
2. "En la casa de Pinocho todos cuentan hasta el ocho. Pinocho contó hasta ocho y se comió ocho bizcochos".

Unidad 10

Contenidos funcionales

- Hacer conjeturas y predicciones
- Hacer promesas
- Justificarnos
- Hablar de acciones futuras que dependen de una condición

Contenidos gramaticales

- Futuro: morfología y usos
- Expresiones de tiempo futuro
- *Es que*
- *Si* + presente de indicativo + futuro

Contenidos léxicos

- La publicidad
- Léxico relacionado con la ciudad y un nuevo medio de transporte

Contenidos culturales

- La baraja española
- Chile
- Canción *Si nos dejan* de José Alfredo Jiménez
- Tapalpa (México)
- Literatura: Isabel Allende

Nos conocemos

- Los juegos de toda la vida

1 Lo **prometido** es deuda

1.1. **Lee la publicidad y subraya los verbos.**

Regálame la *Silver Wing* y te prometo que estudiaré mucho.

HONDA

Regálame la *Pantheon* y te prometo que siempre llevaré casco.

HONDA

Regálame la *CB1300* y te prometo que no llegaré tarde nunca más.

HONDA

1.1.1. **Las promesas tienen relación con el tiempo:**

☐ pasado ☐ presente ☐ futuro

El futuro

- Se forma con el infinitivo del verbo y estas terminaciones:

estudiar aprender vivir	+	é	estudiar**é**
		ás	aprender**ás**
		á	vivir**á**
		emos	llevar**emos**
		án	comer**án** •
		án	partir**án**

• **España:** *Vosotros comeréis*

¡Solo hay doce verbos irregulares en futuro!

1. Cae la vocal **-e-**:
haber, poder, saber, caber, querer
habrá ....

....

2. Cae la vocal y aparece una **d**:
poner, tener, valer, venir, salir

....

....

3. Otros:
decir, hacer

....

....

....

1.1.2. **Encuentra la primera o tercera persona de los doce verbos irregulares del futuro y completa el cuadro.**

P	Á	H	A	R	É	E	F	O	R	L	S
O	H	S	W	P	T	F	Á	K	U	A	A
D	S	X	A	J	U	R	P	W	L	L	B
R	T	V	E	N	D	R	É	D	P	F	R
É	S	I	Y	L	E	Y	R	Z	G	Ñ	É
W	Í	K	A	T	S	É	Q	N	W	O	J
T	Ñ	V	C	I	T	Ñ	Y	A	C	J	K
E	P	W	L	Ñ	P	Á	R	B	A	H	R
N	J	P	O	N	D	R	É	R	B	I	L
D	O	Y	I	R	E	D	T	U	R	P	Ñ
R	G	N	L	Q	U	E	R	R	Á	T	Ó
É	R	I	D	S	D	Y	U	O	L	M	C

Para prometer algo

- ***Te prometo*** **+ infinitivo**
  Te prometo ir, de verdad.
- ***Te prometo que*** **+ futuro**
  Te prometo que iré.
- ***Te lo prometo***
  Iré, te lo prometo.

¡Prometido!
Te doy mi palabra.
Lo haré sin falta.

1.2. **Tu compañero y tú tienen problemas con sus obligaciones. Regáñalo por no haber hecho ciertas cosas y cuando él te regañe a ti, busca excusas y promete hacerlas en el futuro.**

Ejemplo:

Alumno A: **Preparar las maletas:** *¿Preparaste las maletas?*

Alumno B: *No, pero* ***te prometo que*** *las* ***prepararé esta noche****.* ***Es que*** *estoy estudiando para el examen.*

alumno a

1. Hablarle a su mamá.
2. Hacer los ejercicios.
3. Comprarte el periódico.
4. Arreglar su cuarto..

alumno b

1. Traerte tus libros.
2. Ir a la embajada.
3. Contestar el e-mail de Raúl.
4. Apuntarse a la excursión del jueves.

En un **futuro** 2

2.1. **Forma frases con un elemento de cada columna.**

La semana que viene	vienen	mis papás a verme.
Dentro de dos meses	pienso tomarme	dos meses de vacaciones.
A las cinco	voy a visitar	computación.
Este año	vamos a sacar	Guajanato, dicen que es preciosa.
El próximo año	quiero estudiar	al perro, ¿vienes con nosotros?

2.1.1. **Ahora, teniendo en cuenta las frases que acabas de formar, completa este cuadro sobre otras expresiones verbales que expresan tiempo futuro. Después, incluye las frases anteriores en el apartado correspondiente.**

Expresiones verbales que expresan futuro

- Presente de indicativo
  Ejemplos: A las cinco vienen mis padres a verme
- Presente de indicativo de los verbos pensar y querer + infinitivo
  Ejemplos:
- Presente de indicativo del verbo IR + a + infinitivo
  Ejemplos: A las cinco vamos a sacar al perro, ¿vienes con nosotros?

2.2. Escucha estas conversaciones y anota cuándo se va a realizar la acción.

[46]

1. dentro de 5 minutos
2. Hoy en
3. El próximo siglo
4. La semana que viene.

2.3. Lee este texto que explica qué es la baraja española. Pero antes, intenta deducir si estas afirmaciones son correctas o no. Luego, comprueba tus respuestas.

Antes de leer: Verdadero	Antes de leer: Falso		Después de leer: Verdadero	Después de leer: Falso
☐	☐	**1.** La baraja española aparece en el siglo XIV y se compone de cuatro palos.	☐	☐
☐	☐	**2.** En total son 48 naipes.	☐	☐
☐	☐	**3.** El rey de la baraja española siempre está sentado.	☐	☐
☐	☐	**4.** Heraclio Fournier fue el inventor de la baraja española.	☐	☐
☐	☐	**5.** Casi todos los juegos de la baraja española se hacen en solitario.	☐	☐
☐	☐	**6.** Cada palo tiene un significado propio.	☐	☐

La baraja española

La baraja española aparece durante el siglo XIV. Está compuesta de cuatro palos: oros, copas, espadas y bastos. Cada palo consta de doce cartas: as, dos, tres, cuatro, cinco, seis, siete, ocho, nueve, sota, caballo y rey. En total son 48 naipes. En esta baraja, lo más curioso es que no existe la "dama" o "reina", sino que se utiliza un paje que se llama "sota". El rey, además, nunca aparece sentado.

Los fabricantes de naipes, o naiperos, fueron famosos, sobre todo, en Barcelona y Valencia. Hasta el siglo XV, la fabricación de naipes no se industrializa. En 1868, un impresor de origen francés afincado en España, Heraclio Fournier, presentó su baraja litografiada y fue premiado en la Exposición Universal de París. Pero el diseño definitivo de la baraja española que ha llegado hasta nuestros días es el que realizó Augusto Ríus para el propio Fournier.

En España los juegos con naipes son múltiples y variados. Podemos destacar tres: el tute, la brisca y el mus. Este último es el más popular y existen numerosas peñas (asociaciones) que organizan campeonatos en todas las Comunidades españolas. Parte de su popularidad es debida a que las apuestas no se hacen con dinero, sino que se juegan, por ejemplo, los cafés que han de ser pagados por los perdedores. Otros juegos muy populares son las siete y media y el cinquillo, muy habituales en las reuniones familiares.

Cada palo, además, tiene un significado. Las espadas indican conflictos, las copas representan las emociones, el amor, la belleza, el placer y la felicidad, los oros nos hablan del mundo material, las riquezas, los negocios y las finanzas, y los bastos son símbolo de temas laborales, movimiento, energía y acción.

Adaptado de http://redgeomatica.rediris.es/elenza/pdf.nz/labaraja.pdf

2.4. El profesor te dará una ficha con información incompleta de los significados de algunas cartas de la baraja española. Haz una lista de las palabras que no entiendes y búscalas en el diccionario. Luego, completa, con ayuda de tu compañero, la información que te falta. Si tu compañero no entiende alguna palabra, explícasela.

Palabras que no entiendo	Definición
Humildad	Forma de ser de una persona que no se cree mejor que los demás.

2.4.1. ¿Cómo será el futuro de tu compañero? Utilizando el significado de las cartas, vamos a jugar a averiguar el futuro. Pueden hacer un máximo de tres preguntas. El profesor les dará la baraja y las instrucciones.

Ejemplo: ▷ *Me gustaría saber cómo me va a ir mis estudios de español.*
▶ *Pues, según las cartas, parece que tendrás...*

2.5. Imagina cómo será tu vida dentro de diez años, escríbelo en una hoja y dásela a tu profesor. Luego, el profesor repartirá las redacciones entre los compañeros de la clase.

2.5.1. Ahora, lean el texto que les tocó e intenten adivinar de qué compañero se trata. Recuerden las formas para dar opinión o para mostrar que no están seguro.

Creo que... porque...
Me parece que... porque...

3 ¿Qué será **será**?

3.1. **Para mostrar que no estamos seguros de algo, usamos el futuro. Lee la publicidad del ejercicio 1.1. y haz con tu compañero conjeturas sobre cómo serán las personas que corresponden a las motos. Hagan los retratos robot y después compárenlos con los de otros dos compañeros. ¿Hay diferencias?**

3.2. **Vamos a hablar de un invento relativamente nuevo y probablemente revolucionario, es el *segway*. ¿Has oído hablar de él?**

3.2.1. **Busca en el texto y pon nombre a las siguientes imágenes.**

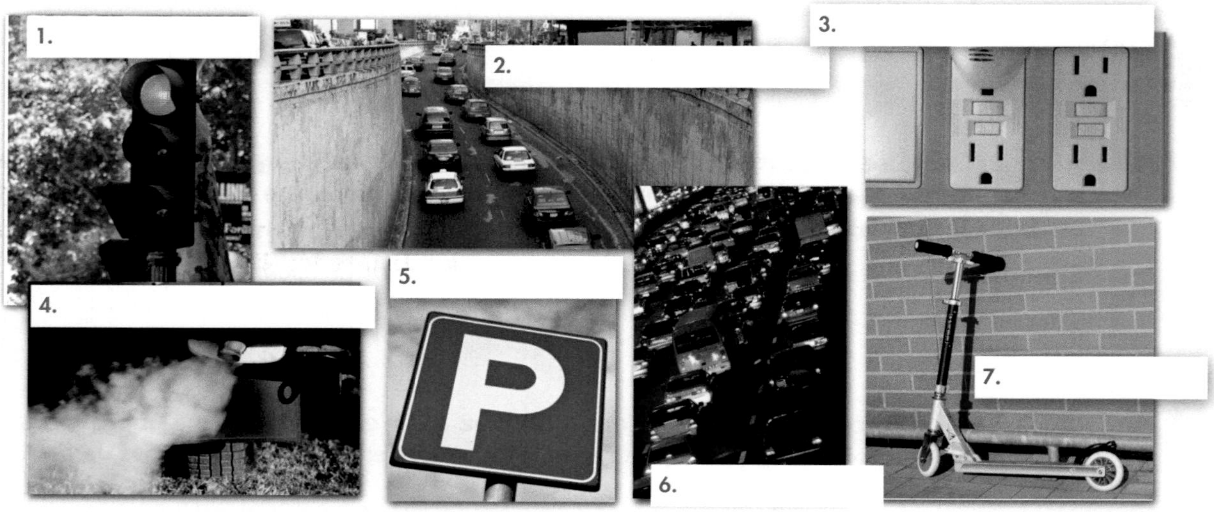

Transporte inteligente para la ciudad

Imaginemos por un momento una ciudad sin ruidos, donde los embotellamientos• continuos y el humo de los tubos de escape no serán más que un recuerdo del pasado. En la puerta de los edificios de oficinas se alineará una serie de patinetas• unipersonales conectadas a un enchufe. En la calle, miles de patinetas de las mismas características se mezclarán con pequeños vehículos, igualmente silenciosos, parados en los semáforos. En las gasolinerías, los combustibles tradicionales habrán dejado paso a surtidores de electricidad e hidrógeno, y los camiones –de color verde– llevarán un letrero en la parte posterior que dirá "vehículo limpio". Además, no habrá coches en doble fila, ya que hasta la tienda más pequeña tendrá su propio estacionamiento subterráneo, cuya capacidad –debido al tamaño de los nuevos vehículos– se habrá multiplicado. No, esto no es una escena de *Regreso al Futuro 2;* en realidad se trata de cualquier gran ciudad, en cualquier lugar del mundo y, según algunos convencidos, en un futuro no muy lejano.

Esta nueva visión de las ciudades parece haberse afianzado desde hace poco, cuando un excéntrico inventor estadounidense -Dave Kamen- presentó en las calles de Nueva York un vehículo (el *segway*) que, según sus propias palabras, iba a "revolucionar" el concepto de movilidad urbana.

Adaptado de "Peatones del futuro" *Quo*, n.º 77

• **España:** *atascos; patinetes*

3.2.2. Con tu compañero, dibuja el *segway* y describe su funcionamiento. Después, explíquenlo al resto de la clase; no olviden que son todo conjeturas. ¿Qué diseño es el más interesante?

3.3. Marta tiene un jefe misterioso. Nunca lo [47] ha visto y siente mucha curiosidad. A partir de los datos que le da a su amiga Rosa, esta reconstruye un posible retrato del personaje. Primero, escucha a Marta y anota la información.

3.3.1. Con la información que tienen, hagan conjeturas sobre la personalidad del jefe misterioso y descríbanlo.

3.3.2. Ahora, escuchen a Rosa y anoten [48] sus impresiones. Después, comparen las impresiones de Rosa con las de ustedes. ¿Coinciden?

3.3.3. Vuelve a escuchar la descripción que hace Rosa [48] y anota todas las expresiones de probabilidad que acompañan a los futuros. Hay siete.

1. ....
2. ....
3. ....
4. ....
5. ....
6. ....
7. ....

3.4. Haz una pequeña encuesta a tus compañeros sobre sus posibles planes para algunas fechas importantes. Anota los más interesantes y cuéntaselos al resto de la clase.

Recuerda:
Si no estás seguro, usa el futuro acompañado de *supongo que, me imagino que...*

¿Qué vas a hacer...?

el día de tu cumpleaños • cuando termines tu curso de español • en Navidad • en Año Nuevo • las próximas vacaciones • en Carnaval • este fin de semana

3.4.1. Para entender mejor los usos del futuro, coloca los ejemplos en su lugar.

1. Pasaré 5 días, aproximadamente, en Quito.
2. El próximo año nuestra empresa crecerá un 6%.
3. Si vienes mañana a mi casa, te enseño las fotos de las vacaciones.
4. No sé si querrá comer carne.
5. Me imagino que tendrá 20 o 22 años.
6. Te prometo que estudiaré mucho.
7. En febrero conocerás al gran amor de tu vida.
8. Supongo que tendrás hambre, ¿no?
9. Creo que llegaré a las tres, pero no lo sé seguro.
10. Necesitaré un kilo de azúcar más o menos.
11. Iré a tu casa un día de estos, no te preocupes.
12. Te juro que no volveré a llegar tarde.
13. No sé dónde estarán las llaves.
14. Si vienes mañana a mi casa, te enseñaré las fotos de las vacaciones.
15. Mañana lloverá en toda la República.
16. No sabemos cuándo llegará tu hermano.
17. Ese bolso valdrá 500 pesos o así.
18. Te aseguro que no se lo diré.

Usos del futuro

1. Para hacer conjeturas. Hablar de cosas del presente o futuro, pero de las que no estamos seguros. Hablar sin ser exactos, sin seguridad:

- **Creo que** / **Me imagino que** / **Supongo que** + futuro
- **No sé** (**si** / **cuándo** / **dónde**) + futuro

a)
b)
c)
d)
e)
f)

2. Para hablar de algo sin precisar, utilizamos las siguientes expresiones:

- **aproximadamente**
- **...o algo así**
- **más o menos**
- **un día de estos**

g)
h)
i)
j)

3. Para hacer promesas:

- **Te prometo que** / **Te juro que** / **Te aseguro que** + futuro

k)
l)
m)

4. Para hacer predicciones (en climatología, planes, horóscopos...):

n)
ñ)
o)

5. Para hablar de acciones futuras que dependen de una condición:

- **Si** + presente de indicativo + presente o futuro:

p)
q)

4.1. Lee el texto de este anuncio. Di si las afirmaciones son verdaderas o falsas y justifica tu respuesta.

SI TE GUSTA DISFRUTAR LA NATURALEZA,
ENCONTRARÁS UN SINFÍN DE ACTIVIDADES AL AIRE LIBRE

Si te vuelve loco escalar montañas y mirar desde las alturas, en Tapalpa tendrás muchos momentos de locura. Si te gusta practicar deportes extremos, aquí encontrarás desde alpinismo hasta vuelo en parapente. Si quieres olvidarte de todo y disfrutar del bosque y su hábitat, verás bella flora y diversa fauna. Si disfrutas de los platillos preparados con borrego y los dulces típicos, estarás en el lugar ideal. Si buscas lugares románticos, estarás en uno de los mejores ya que encontrarás las más cálidas cabañas de todas las categorías donde podrás hospedarte.

Todo en Tapalpa invita al disfrute, artesanías, fiestas y gastronomía integran un mosaico que te atrae siempre al regreso.

D I S F R U T A . T U D E S T I N O E S T A P A L P A

	Verdadero	Falso
1. Tapalpa es un buen lugar para disfrutar de las alturas.	☐	☐
2. Si te gusta el deporte extremo, Tapalpa no es tu destino.	☐	☐
3. Tapalpa es un pueblo con mucho estrés.	☐	☐
4. En Tapalpa solo hay cabañas lujosas.	☐	☐
5. En este pueblo puedes comer rico, hacer deporte, comprar artesanías y estar en contacto con la naturaleza.	☐	☐

4.2. Ahora, escribe un anuncio pero con tu país, tu región o tu ciudad. Respeta lo que está ya escrito.

SI TE GUSTA ....
ENCONTRARÁS ....

Si ...., encontrarás ....
Si buscas ...., ...
Si te vuelve loco ...., ...
y conocerás ....
¡Ven a ....!
¡Será ....!

4.3. **En este bolero, el enamorado le habla a su enamorada del futuro de los dos. Este futuro depende de una condición: *si los dejan*. Pero antes de escucharlo, completa los espacios intentando imaginar qué planes tienen.**

¡Recuerda!

Para hablar de condiciones de las que dependen acciones futuras usamos:

***si* + presente de indicativo + verbo 2**

El verbo 2 habla del futuro y puede estar en presente de indicativo, *ir* + *a* + infinitivo o futuro.

Si nos dejan,
nos ....
toda la vida.
Si nos dejan,
nos ....
a un mundo nuevo.
Yo creo
que podemos ver el nuevo amanecer
de un nuevo día.
Yo siento
que tú y yo podemos ser felices
todavía.

Si nos dejan,
.... un rincón
cerca del cielo.
Si nos dejan, ...
de las nubes
terciopelo,
y allí, juntitos los dos,
cerquita de Dios,
será lo que soñamos.

Si nos dejan,
te .... de la mano, corazón,
y allí nos ....

Si nos dejan,
de todo lo demás
nos ....
Si nos dejan,
si nos dejan.

Tomás Alcón

4.3.1. **Ahora, escucha y comprueba** [49] **tus respuestas. ¿Se parece la canción a la versión que imaginaron?**

4.4. **¿Qué cosas harán en clase si los dejan?**

Autoevaluación

1. ¿Para qué sirve el futuro? Te damos los ejemplos, completa tú la explicación del uso con tus propias palabras.

1. Te prometo que iré a verte. ....
2. Si hace buen tiempo, saldremos. ....
3. Me imagino que tendrá mucho trabajo. ....
4. Mañana lloverá en el norte de la República. ....

2. En la siguiente lista de verbos, señala los futuros irregulares y escribe al lado su infinitivo.

☐ cabrá	☐ irán	☐ serán ....
☐ comeremos	☐ podrán	☐ sugeriremos ....
☐ compraré	☐ pondrá	☐ tendré ....
☐ conocerás	☐ querremos	☐ valdrá ....
☐ dirán	☐ sabrán	☐ venderán ....
☐ habrá	☐ saldrá	☐ vendrán ....
☐ harás	☐ saltará	☐ viviré ....

LOS JUEGOS DE TODA LA VIDA

1. Los siguientes bloques de fotografías presentan diferentes tipos de juegos. ¿Qué diferencias encuentran entre ellas? Seleccionen las palabras del recuadro y escríbanlas en la columna correspondiente.

tradicionales ▪ **al aire libre** ▪ **nuevas tecnologías** ▪ **modernos** ▪ **sofisticados** ▪ **manuales**

A ....
....
....

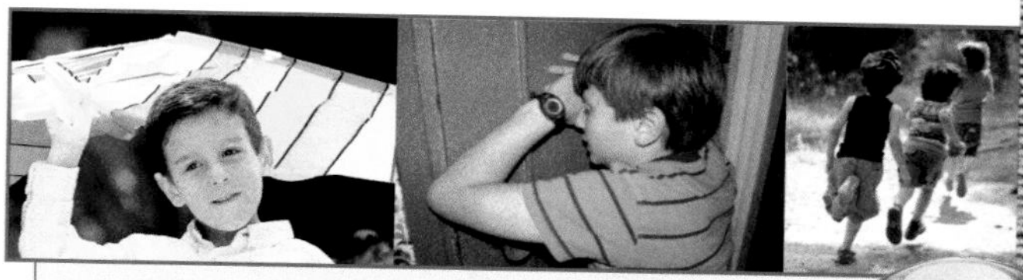

B ....
....
....

2. **El siguiente texto explica la diferencia entre los juegos tradicionales y los juegos de hoy en día. Léelo con atención, comprueba si las respuestas anteriores son correctas y corrígelas en caso necesario.**

Hoy en día la oferta de juegos para niños y adultos es muy amplia. Por un lado, podemos disfrutar de los juegos de toda la vida, aquellos que se transmiten de generación en generación y que sobreviven al paso del tiempo. Se trata de juegos infantiles clásicos que se realizan sin la ayuda de juguetes tecnológicamente complejos; sino con el propio cuerpo o con recursos de la naturaleza: arena, piedritas, hojas, flores, ramas..., a veces incluso con objetos caseros como cuerdas, papeles, tablas, telas, hilos, botones... Los juguetes tradicionales son también con los que se juegan de forma manual y generalmente se basan en los juguetes más antiguos o simples: caballitos con el palo de una escoba, aviones con barcos de papel y disfraces... y aquellos dirigidos a todas las edades como los juegos de mesa anteriores a la revolución informática: el gato, parchís, juego de la oca... y algunos juegos de cartas.

A este tipo pertenecen las fotografías del grupo B, juegos que se pueden disfrutar al aire libre como el caso del niño jugando con el papalote o a las escondidas, o el yoyo, pero también es posible jugarlos en casa. Por lo general, se juegan en grupo pero también se pueden disfrutar de manera individual.

Por otro lado, la sociedad actual ofrece tanto a niños como a adultos una amplia gama de juegos más sofisticados y modernos, introducidos por las nuevas tecnologías, como los que reflejan las fotografías del grupo A. Se pueden jugar desde la casa, sin necesidad de moverse del sillón, con la computadora, la consola de video o el celular y casi siempre de manera individual.

3. Respondan a las siguientes preguntas.

1. ¿Qué recursos naturales o caseros se utilizan para fabricar juguetes?
2. ¿Existen juegos tradicionales dirigidos a todas las edades? En caso afirmativo, ¿cuáles son?
3. ¿Cuáles son las principales características de los juegos de hoy en día?
4. ¿Cuáles son las diferencias más notables entre ambos tipos de juegos?
5. ¿Cuáles les gustan más? ¿Por qué?

4. [50] A continuación escucha a unos niños explicando sus juegos favoritos. Observa las fotos, relaciona el texto con cada una de ellas y contesta las preguntas.

A

a. Nombre: ....

b. Número de jugadores por equipo:

....

c. ¿En qué consiste? ....

d. Letra de la canción: ....

....

....

....

....

....

B

a. Nombre: ....

b. Número de jugadores por equipo:

....

c. ¿En qué consiste? ....

d. Letra de la canción: ....

....

....

....

....

....

4.1. [50] Escuchen de nuevo las explicaciones de los niños, comprueben sus respuestas con su compañero y defiendan su opción si no coinciden.

5. Piensen en un juego tradicional de su infancia, escriban una pequeña redacción sobre él y a continuación explíquenselo a su compañero. Sigan el siguiente esquema:

a. Nombre del juego: ....

b. Número de jugadores/número de equipos: ....

c. Material que se utiliza: ....

d. Descripción del juego: ....

e. Recuerdos que te trae el juego. Justifica tu respuesta: ....

....

Unidad 11

Contenidos funcionales

- Hacer conjeturas en pasado
- Dar consejos y sugerencias
- Referirnos al futuro respecto al pasado
- Pedir algo de forma cortés

Contenidos gramaticales

- Pospretérito: morfología y usos
- *Ha de haber* + participio
- *Debe haber* + participio

Contenidos léxicos

- El consultorio
- La farmacia

Contenidos culturales

- Canción *Si yo fuera* de Ricardo Arjona
- Literatura: Fernando del Paso

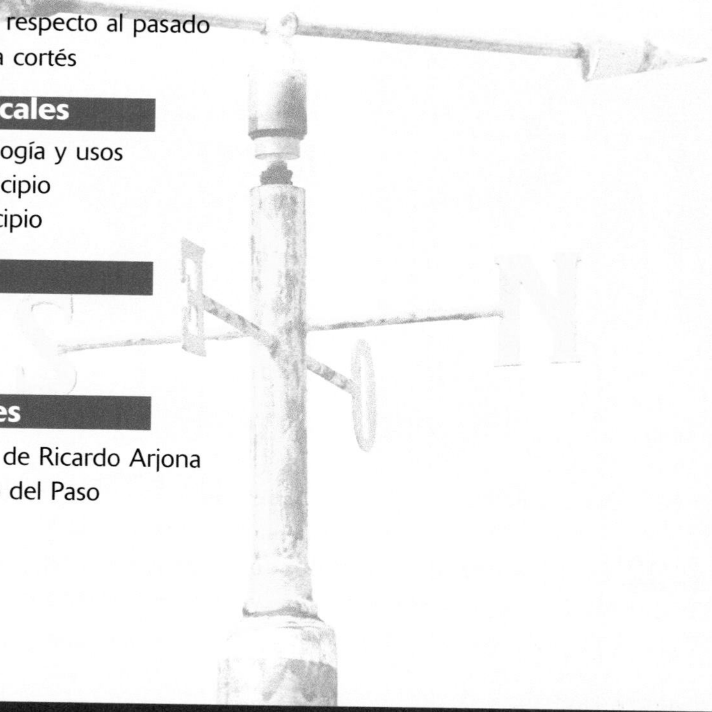

Nos conocemos

- Dos clases de sistemas sanitarios: público y privado

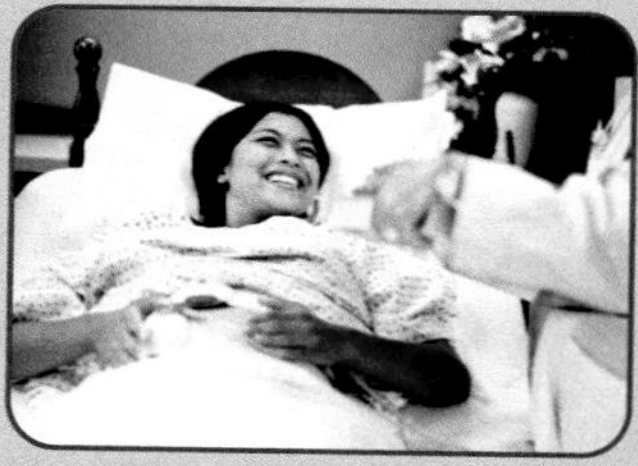

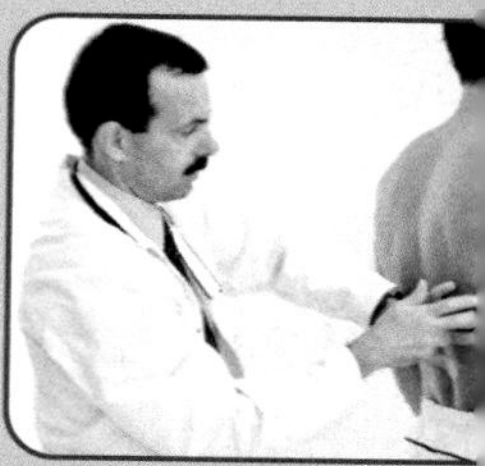

1 Yo que tú estudiaría

1.1. Lee estos diálogos. En ellos aparece un tiempo nuevo, el pospretérito.

1.1.1. **En cada uno de los diálogos, el pospretérito cumple una función distinta. Son las que tienes aquí abajo; relaciónalas con los diálogos.**

1. Pedir algo de forma cortés .... ☐
2. Acción futura respecto a otra pasada .... ☐
3. Aproximación o probabilidad de pasado .... ☐
4. Dar consejos o hacer sugerencias .... ☐
5. Expresar un deseo o hipótesis de presente o futuro .... ☐

1.1.2. Aquí tienes el infinitivo de los verbos que acabas de ver en los diálogos y, a la derecha, las terminaciones del pospretérito que no aparecieron. Busca las otras en los diálogos y completa la tabla.

Tomar	Yo	
Ser	Tú	-ías
Poder	Él/ella/usted	
Gustar	Nosotros/as	-íamos
Estar	Ustedes●	-ían
Divertir	Ellos/ellas/ustedes	

● **España:** *Vosotros estaríais*

1.1.3. ¿Ves? El pospretérito se forma con el infinitivo más la terminación, que es la misma para las tres conjugaciones.

El pospretérito●

● **España:** *condicional*

- Ahora, si te fijas bien, verás que entre los verbos anteriores hay uno irregular. ¿Cuál? Escríbelo aquí: ______
- Y si te fijas un poco mejor, descubrirás que esta misma irregularidad la estudiaste ya antes en otro tiempo verbal, ¿en cuál?:

  ☐ **presente** ☐ **pretérito** ☐ **copretérito** ☐ **futuro**

- Así es, el pospretérito tiene los mismos verbos irregulares que este tiempo. Si haces un poco de memoria y escribes las raíces de sus doce irregulares, tendrás completa ya toda la morfología del pospretérito.

1. podr
2. ______
3. ______
4. ______
5. ______
6. har
7. ______
8. ______
9. ______
10. ______
11. ______
12. ______

\+ **-ía**, **-ías**, **-ía**, **-íamos**, **-ían●**, **-ían**

● **España:** *-íais*

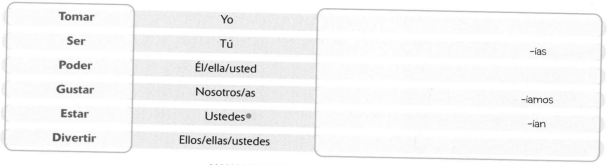

1.1.4. **Completa estos diálogos.**

2.1. **Lee de nuevo, en el dibujo del café, la respuesta que da su amiga a la señora y, sin mirar el cuadro que tienes a continuación, escribe cuál de las cinco funciones del pospretérito que viste al principio de la unidad crees que cumple aquí.**

Expresar probabilidad y aproximación

- Con el pospretérito y con las estructuras *ha de haber/debe haber* + participio, podemos expresar en español la **probabilidad** cuando hablamos del pasado. Fíjate en los ejemplos:
  - ► *¿Cuándo habló Alberto?*
  - ▷ *No sé, **hablaría/ha de haber hablado/ debe haber hablado** ayer.*
  - ► *¿Quién era esa muchacha?*
  - ▷ ***Sería** su hermana.*

  No lo sabemos, es una conjetura.
- También podemos expresar la **aproximación** en el pasado:
  - ► *¿Cuánta gente había en la fiesta?*
  - ▷ *Pues **habría*/debe haber habido**** unas diez personas.*
  - ► *¿Cuánto te costó el bolso?*
  - ▷ *No me acuerdo. Me **costaría */debe haber costado **** 300 pesos, más o menos.*

* Tono más formal.
** Neutro, mayor seguridad.

2.1.1. **Mirando la escena del café, respondan las preguntas que tienen abajo haciendo conjeturas. Deben tener en cuenta que todo sucedió ayer en la tarde.**

1. ¿Por qué el cliente que entró tenía ese aspecto tan lamentable?, ¿qué le pasaba?
2. ¿A quién esperaban las dos amigas y por qué se retrasaba esa persona?
3. ¿Por qué lloraba el joven y de quién hablaba?
4. ¿Por qué la señora del abrigo tenía tanto dinero?
5. ¿Por qué los muchachos que iban por la calle estaban vestidos de Drácula y bailarina?

2.1.2. **Presenten al resto de la clase sus hipótesis y compárenlas con las de sus compañeros para, luego, elegir entre todos las que les parezcan mejores o más imaginativas.**

2.2. **Respondan, haciendo conjeturas, las preguntas del personaje que tienen abajo.**

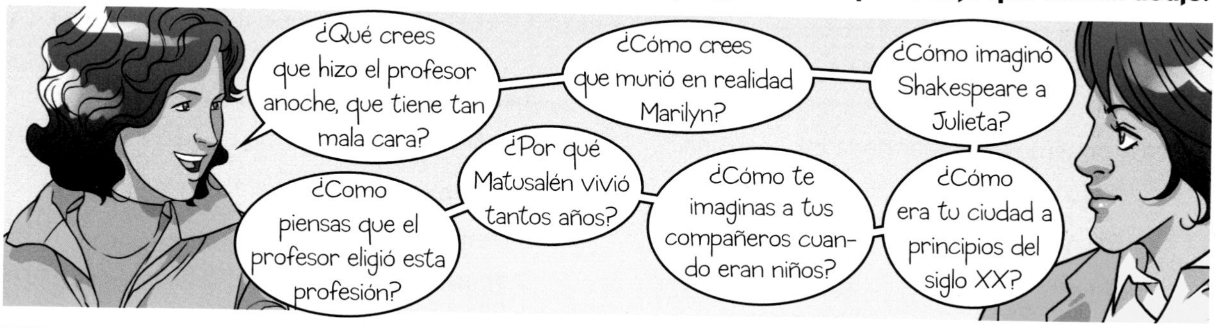

¿Ves? Cuando **preguntamos** sabiendo que nuestro interlocutor puede **no conocer la respuesta exacta**, pero queremos su **opinión**, utilizamos el pospretérito. También es posible usar el antefuturo (futuro de *haber* + participio), pero eso lo estudiarás en el siguiente nivel. Fíjate en el ejercicio anterior y en estos ejemplos:

- ► *¿Cuánto **ganaría (habrá ganado)** en ese trabajo?*
- ▷ *Pues no sé, pero mucho...*
- ► *¿Cuánto le **costaría (habrá costado)** su casa?*
- ▷ *Ni idea.*

3 ¿Qué **harías** tú?

3.1. **¿Quieres saber lo que le ocurría realmente al muchacho que lloraba en el café? Lee la carta que escribió a un consultorio sentimental de la radio.**

Querida Consuelo Desgracias:

Me decido a escribirle esta carta porque estoy desesperado y creo que debería aconsejarme. Hace dos años empecé una relación con una mujer de quien me siento profundamente enamorado. En este momento, sigo casado con mi esposa y tenemos dos hijos. El problema es que no sé qué hacer. Mi matrimonio no funciona y estoy muy enamorado de esta persona, pero no soy capaz de abandonar a mi esposa e hijos, y mi mujer no sabe nada. ¿Qué debería hacer? La mujer a la que realmente amo me dice que tendría que contarle la verdad a mi esposa y que de esta manera se solucionarían mejor las cosas. ¿Usted qué haría en mi lugar? ¿Estaría bien hablar con ella? ¿Debería dejar a mi amante? No sé qué hacer, necesito su consejo.

Un saludo,

Aries

3.1.1. **Antes de ver qué consejos le dieron a nuestro amigo Aries, vamos a echar un vistazo a este cuadro funcional.**

Dar consejos y hacer sugerencias

El pospretérito y el copretérito están presentes en muchos de los recursos que tenemos en español para **dar consejos** o **hacer sugerencias**. Fíjate:

1. Nos ponemos en lugar de la otra persona.

- **Yo...**
- **Yo que tú...**
- **Yo en tu lugar...**
- **Si yo fuera tú...**

\+ **pospretérito** (más formal y más a largo plazo)

\+ **copretérito** (más informal e inmediato)

► *Yo me compraba el libro.*

► *Yo que tú no iba.*

► *Si yo fuera tú, le regalaría el reloj.*

► *Yo en tu lugar, esperaría un poco.*

2. Se sugiere la conveniencia de hacer algo.

- **Deberías**
- **Tendrías que**
- **Podrías**

\+ **infinitivo**

► *Deberías trabajar menos.*

► *Tendrías que hablar con él.*

► *Podrías llamarlo y explicarle.*

3.1.2. **Lean los consejos que le dieron a Aries algunas personas de su entorno. Adivinen a quién de las personas que tienen en el recuadro pertenece cada uno de ellos.**

A Yo en su lugar hablaría con claridad del tema, intentaría conservar un diálogo permanente y establecería un compromiso respecto a la educación de los niños.

B ¿Quién dices que es esa? Deberías salvar tu matrimonio y ser un buen padre y marido.

C Yo no dejaba pasar ni un día más y le contaba toda la verdad.

D Deberías ser honesto, hablar con tu mujer e intentar arreglar el problema de la manera más conveniente para todos.

E Yo que tú no decía nada a nadie y estaba con las dos al mismo tiempo.

F Después de la separación, debería pasar una pensión a su mujer y establecer visitas semanales a los niños.

Su madre .... ☐	Su amante .... ☐
Un consejero matrimonial ☐	Su abogado .... ☐
Un buen amigo .... ☐	Un solterón .... ☐

3.1.3. **Ahora, con tu compañero y usando las estructuras que acabas de ver, se van a convertir en consultores sentimentales para responder a Aries.**

Querido Aries:

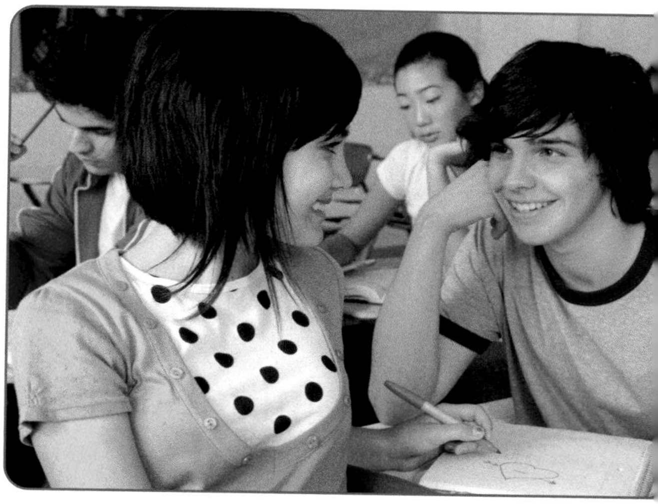

3.2. **Vamos a hacer, para practicar, un poco de terapia de grupo. Pídele consejo a tu compañero acerca de tus problemas y aconséjalo también a él en los suyos. Son estos:**

alumno a

- Tienes que dar una conferencia y estás muy nervioso.
- Te enojaste con tu pareja por una tontería.
- Te enamoraste de la pareja de tu mejor amigo.
- Necesitas unas vacaciones pero no sabes dónde ir.
- En tu casa hay un fantasma, las cosas se cambian solas de sitio y se oyen pasos y voces.

alumno b

- Tu madre y tu suegra se llevan muy mal y siempre les echan a perder todas las fiestas familiares.
- Mañana tienes una entrevista de trabajo y estás histérico.
- Tuviste un accidente con el coche de tu jefe; tú estás bien, pero el BMW, pérdida total.
- El vecino de arriba es terriblemente ruidoso.
- Descubres que tu mejor amigo tiene problemas con el alcohol.

3.3. Volvemos al consultorio radiofónico de Consuelo Desgracias para escuchar la carta de otra oyente. Marca si la frase es verdadera o falsa y justifica tu respuesta. [51]

	Verdadero	Falso
1. Escribió porque está desesperada y necesita consejo.	☐	☐
2. Se sentía deprimida y sola debido a problemas de salud.	☐	☐
3. Su madre le decía que debería casarse con un hombre inteligente.	☐	☐
4. Ella no tuvo en cuenta si estaba enamorada o no.	☐	☐
5. Actualmente se siente enamorada.	☐	☐

3.3.1. **Ahora, escriban los consejos que crean que le va a dar Consuelo Desgracias.**

Sus consejos

3.3.2. [52] **Escucha la audición con la respuesta de Consuelo Desgracias a "Una desesperada" y escribe los consejos que le da para compararlos luego con los que escribieron ustedes.**

Consejos de Consuelo Desgracias

4 Imaginaba que **sería**...

4.1. **Este fragmento de la novela humorística *Palinuro de México* es lo que estaba leyendo el cliente que estaba sentado cerca de la puerta de la cafetería.**

El ejecutivo hogareño compondría las puertas con su Black and Decker y pintaría la escalera con sus brochas Fleetwood empapadas en su pintura Marlux; dijo que se iría al campo a pescar truchas con sus cañas Mordex mientras escuchaba su radio portátil Sony; aseguró que dedicaría el fin de semana a estudiar sus lecciones de idiomas por correspondencia Berlitz, mientras escuchaba los últimos envíos del Club de Discos Columbia; entretanto, las muchachas se darían baños de sol con sus bikinis Jansen y se broncearían con sus lociones Sun Tan. No deseando Estefanía quedarse atrás, afirmó que se dedicaría a las labores propias del hogar lavando los trastes con Fairy líquido, limpiando la tina con Ajax, lavando la ropa en su lavadora Hotpoint con jabón Persil...

Adaptado de *Palinuro de México,* Fernando del Paso

4.1.1. **De las funciones que puede tener el pospretérito, ¿cuál crees que cumplen los verbos de este texto?**

- [ ] Dar consejos.
- [ ] Expresar probabilidad en el pasado.
- [ ] Pedir algo de forma cortés.
- [ ] Expresar deseos en presente.
- [x] Expresar una acción futura en relación a un pasado.

4.1.2. **Decide junto a tus compañeros en cuáles de las frases que siguen el pospretérito cumple esta misma función.**

- [x] **1.** Manuel dijo que vendría a las ocho.
- [ ] **2.** Me gustaría terminar hoy este trabajo.
- [x] **3.** Sabíamos que lo harías bien.
- [ ] **4.** ¿Podrías ayudarme a cambiar la mesa de sitio?
- [ ] **5.** Deberías fumar menos.
- [x] **6.** Pensaba que la casa sería más bonita.
- [ ] **7.** Yo, en tu lugar, no me lo compraría.
- [ ] **8.** ¿Te importaría bajar un poco la música?
- [x] **9.** Alfonso me comentó que se marcharía lo antes posible.
- [x] **10.** Dejé el dinero donde pensaba que no lo encontrarían.

4.1.3. **Ya sabes cuál es la función y tienes varios ejemplos, ¿por qué no haces tú mismo el cuadro funcional?**

Otros usos

Usamos, también, el pospretérito para:

Ejemplos:

–
–
–

4.1.4. **Explica por qué Estefanía, la protagonista del texto que leiste, se siente acomplejada frente al ejecutivo o a las muchachas que toman el sol.**

4.2. [53] **A continuación, vas a escuchar a varias personas que hablan sobre su vida, de lo que imaginaban que sería de ella cuando eran niños y de lo que realmente ha sido. Toma nota primero de lo que esperaban de la vida debajo de *Pensaba que*.**

	Pensaba que...	*Sin embargo...*
1.		
2.		
3.		
4.		
5.		

4.2.1. [53] **Vuelve a escuchar, pero ahora fíjate qué fue de la vida de estas personas y toma nota de ello debajo de *Sin embargo*.**

4.2.2. **Comparen lo que esperaban y lo que fue, y comenten cómo creen que se sienten estas personas y, si es necesario, imaginen qué podrían hacer para sentirse más satisfechas.**

4.3. **Y tú, cuando eras chico, ¿cómo imaginabas que sería tu vida? Escríbelo y, luego, cuéntaselo al resto de la clase. Comparen lo que pensaban llegar a ser y lo que son ahora.**

Cuando era chico/a, me imaginaba que de grande...

5 En la **farmacia**

5.1. **Relacionen las imágenes con sus nombres. ¿Qué cosas creen que va a necesitar el señor que entró en la cafetería con tal mal aspecto?**

a. Venda 6	**c.** Jarabe 4	**e.** Algodón.......... 7	**g.** Alcohol 8
b. Jeringa•........... 5	**d.** Pastillas 2	**f.** Aspirina 1	**h.** Curita•........... 3

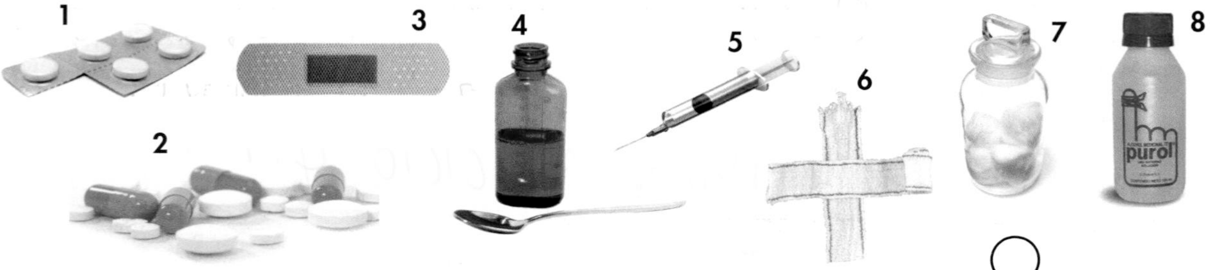

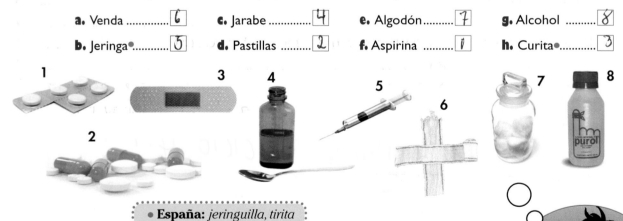

• **España:** *jeringuilla, tirita*

5.1.1. **Ahora te damos las definiciones, relaciónalas con los nombres y las imágenes.**

1. Venda H
2. Algodón b
3. Jeringa A
4. Aspirina e
5. Jarabe F
6. Alcohol d
7. Pastillas g
8. Curita c

- a Sirve para poner una inyección.
- b Sirve para limpiar una herida.
- c Sirve para proteger una herida.
- d Sirve para desinfectar una herida.
- e Sirve para quitar el dolor de cabeza o muscular.
- f Lo bebemos cuando estamos enfermos.
- g Nos las tomamos cuando estamos enfermos.
- h Con ella envolvemos una parte del cuerpo para protegerla.

5.2. Aquí tienen el diálogo en una farmacia, pero, ¡atención!, está desordenado, así que ordénenlo.

(8) **Cliente:** Pues... una caja de aspirinas también.
(7) **Farmacéutica:** Aquí tiene. ¿Necesita algo más?
(6) **Cliente:** Muy bien. Voy a llevármelo.
(9) **Farmacéutica:** ¿Aspirinas en pastillas efervescentes o masticables?
(10) **Cliente:** Preferiría efervescentes. ¿Cuánto es por todo?
(1) **Farmacéutica:** ¡Buenos días! ¿En qué puedo servirle?
(2) **Cliente:** Es que tengo mucha tos y me duele la garganta, ¿podría recomendarme algo?
(11) **Farmacéutica:** 95,50 pesos.
(4) **Cliente:** ¿Le importaría repetirme la dosis?
(3) **Farmacéutica:** Sí, desde luego. Yo que usted tomaría este jarabe. Una cucharada cada ocho horas.
(5) **Farmacéutica:** Una cucharada cada ocho horas, cada ocho horas, ¿eh? Tres veces al día es suficiente.

5.2.1. [54] **Ahora van a escuchar el diálogo, comprueben si lo ordenaron correctamente.**

5.2.2. **Contesta a estas preguntas sobre el diálogo; si es necesario, vuelve a escucharlo.**

1. ¿Qué dosis de jarabe debe tomar cada día? ....
2. Escribe la frase que utiliza la farmacéutica para dar consejo al cliente: ....
3. ¿Qué tipo de aspirinas quiere comprar? ....
4. Escribe la frase que utiliza el cliente para pedir consejo a la farmacéutica: ....
5. ¿Qué síntomas tiene el cliente? ....

NO **5.2.3.** **Escribe en el cuadro funcional las fórmulas de cortesía que han aparecido en el diálogo y pon algunos ejemplos.**

Expresar cortesía

- **También, con el pospretérito, expresamos a menudo cortesía para con nuestros interlocutores. Esto depende, por supuesto, del grado de confianza que tengamos con ellos y de la situación en la que estemos. No es lo mismo hablar con un desconocido que con un amigo y, a un amigo, tampoco es lo mismo pedirle prestados 300 pesos que 3000. Fíjate:**
  - ► *¿Puedes dejarme 300 pesos? Mañana te los devuelvo.*
  - ► *¿Podrías dejarme 3000 pesos? Es que me hacen mucha falta.*
- **La diferencia, en este caso, la marca el tiempo verbal; en otros casos, se marca con fórmulas de pura y simple cortesía, y con *tú* o *usted*. Mira:**
  - ► *Por favor, ¿puede cerrar la puerta?*
  - ► *¿Puedes cerrar la puerta?*
  - ► *¿Sería tan amable de cerrar la puerta?*
- **Escribe ahora tú las fórmulas de cortesía que conoces y sus ejemplos respectivos:**
  ....
  ....
  ....

Tarea

5.3. **Estás en un país lejano. Perdiste las tarjetas y no tienes dinero. Debes pagar el hotel mañana por la mañana. Escribe un correo electrónico a estas dos personas contándoles tu situación y pidiéndoles ayuda. Ten en cuenta la relación para el uso de las formas de cortesía.**

Tu amigo Fernando, director del banco

El señor Álvarez, director del banco

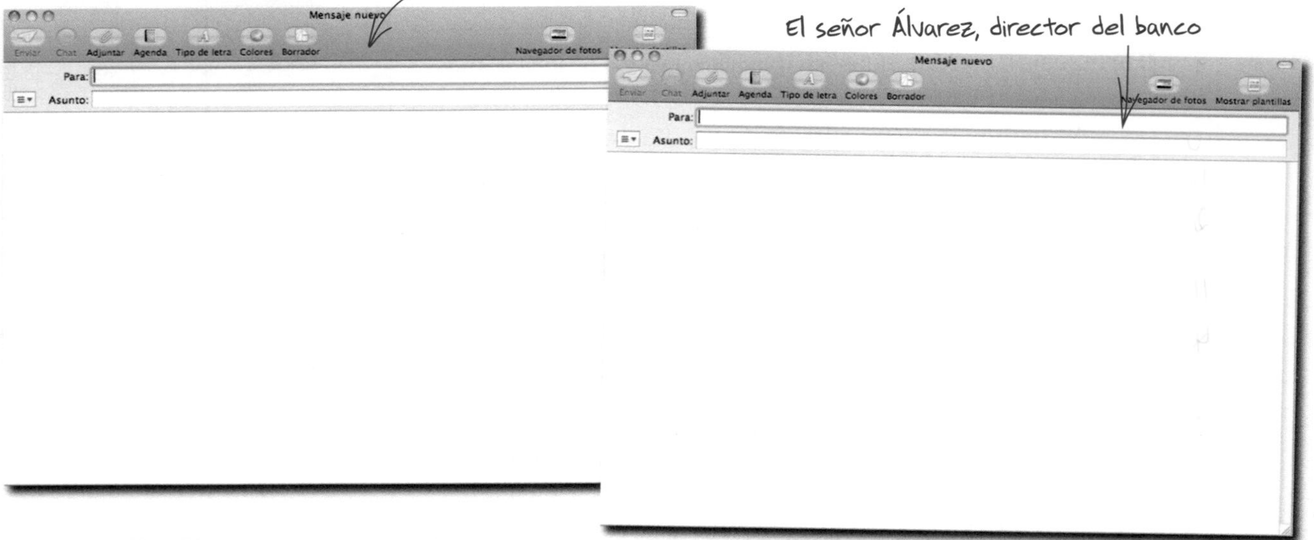

5.4. **Pide a tu compañero que realice estas acciones para ti. Pueden ampliar las conversaciones y representarlas después ante toda la clase.**

Ejemplo: Necesitas recoger un análisis de sangre en la farmacia.

Alumno A: *¿Podrías recogerme el resultado del análisis de sangre?*

Alumno B: *Si tengo tiempo, paso luego.*

• **Argentina:** *te brotas*

alumno a

1. Tienes que ir al taller mecánico a recoger el coche. Como tienes el brazo enyesado, no puedes ir. Pides a tu hermano que vaya.
2. Piensa en recuerdos que puedes comprar de tu país y aconseja a tu compañero.
3. Vas por la calle buscando una farmacia. Pides a un peatón que te explique cómo llegar a la más cercana.
4. Dile que no puedes ir a buscarlo porque tienes alergia al chorizo. No puedes acercarte a uno porque te llenas inmediatamente de granos.•

alumno b

1. Tu hermano te pide que vayas al taller a recoger su coche, pero hoy no tienes tiempo.
2. Vas a ir de vacaciones al país de tu compañero. Pídele que te dé ideas de los regalos que puedes comprar.
3. La farmacia está al lado de una cafetería que tú conoces. Explica cómo llegar.
4. Necesitas un pedazo de chorizo, pero no puedes ir a comprarlo porque estás preparando la comida. Pídele amablemente a tu compañero de apartamento que baje por ti.

Autoevaluación

1. Escribe las funciones del pospretérito que estudiaste en esta unidad.
2. ¿Cuál de ellas te resultó más difícil y necesitarías seguir practicando?
3. Hasta ahora, cuando entrabas en una tienda o te dirigías a personas desconocidas, ¿qué fórmulas de cortesía empleabas?
4. Intenta explicar por qué usamos el pospretérito al dar consejos con las estructuras: *yo que tú, yo en tu lugar...*

Nos conocemos

DOS CLASES DE SISTEMAS SANITARIOS: PÚBLICO Y PRIVADO

1. Los países latinoamericanos tienen su propio sistema sanitario, algunos son públicos y otros privados. ¿Saben cuál es la diferencia? Lean y relacionen.

1. Son los servicios sanitarios que dependen de los gobiernos del país en que se encuentren.
2. Son los servicios sanitarios que dependen de las empresas privadas.

A. Privado
B. Público

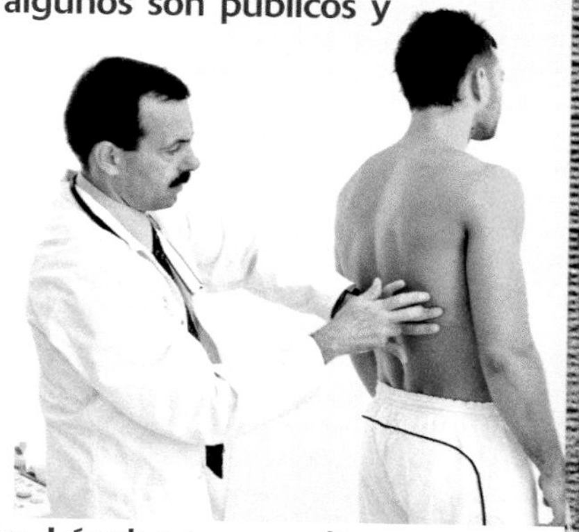

2. A continuación les presentamos el léxico relacionado con la salud y los sistemas sanitarios. En las siguientes fichas se encuentra la definición. Léanlas en voz alta a su compañero y él debe escribir la palabra correspondiente.

afiliarse • subsidio • pacientes • asistencia sanitaria • especialista

Alumno A	Alumno B
1. Personas enfermas que están en tratamiento para curarse o que se someten a un reconocimiento médico.	**1.**
2.	**2.** Médico que ejerce su profesión en una determinada rama o especialización: cirugía, neurología, pediatría…
3. Ayuda económica que se concede de manera oficial a una persona o entidad.	**3.**
4.	**4.** Servicios de ayuda y atención médica al servicio de los ciudadanos.
5. Acción que permite al trabajador acceder al sistema de salud.	**5.**

3. Antes de leer el texto, señala si las siguientes afirmaciones son verdaderas o falsas.

Antes de leer: Verdadero	Antes de leer: Falso		Después de leer: Verdadero	Después de leer: Falso
☐	☐	**1.** El Sistema Nacional de Salud en España garantiza el acceso al servicio sanitario tan solo a la población laboral activa.	☐	☐
☐	☐	**2.** Los ciudadanos españoles que utilizan el sistema de salud público pueden elegir su médico de cabecera.	☐	☐
☐	☐	**3.** En 1993 se expide en Colombia la "Ley 100" basada en el modelo sanitario español y que pretende garantizar el acceso al servicio sanitario a todos los ciudadanos.	☐	☐
☐	☐	**4.** Los trabajadores colombianos que acceden al sistema sanitario mediante un régimen contributivo no pueden escoger la empresa promotora de Salud (EOS).	☐	☐

3.1. Lee los siguientes textos y completa los espacios en blanco con las palabras del recuadro del ejercicio 2. Luego corrige el ejercicio 3.

El sistema sanitario en España

La Ley General de Sanidad del 25 de abril de 1986 instauró el Sistema Nacional de Salud, basándose en el principio de que toda persona tiene derecho a la salud independientemente de su situación económica y laboral. El Estado se responsabiliza, por lo tanto, de garantizar el derecho a una .... (1) y para ello debe gestionar y financiar a través de los impuestos que pagan los ciudadanos un servicio sanitario que cubra las necesidades de todos los habitantes. Este servicio está regentado por las distintas comunidades autónomas, que intentan situar los diferentes servicios sanitarios lo más cerca posible de donde vive y trabaja la población. En España más del 90% de la población utiliza este sistema de salud pública que les permite elegir su médico de cabecera, a través del cual obtienen acceso al resto del sistema. La mayoría de los .... (2) consiguen una cita con su médico en un día o dos después de la solicitud. Para consultar a un .... (3), deben ir primero al médico de cabecera y este le remite a él. En estos casos, las listas de espera suelen ser más largas, teniendo que esperar en algunas ocasiones varios meses.

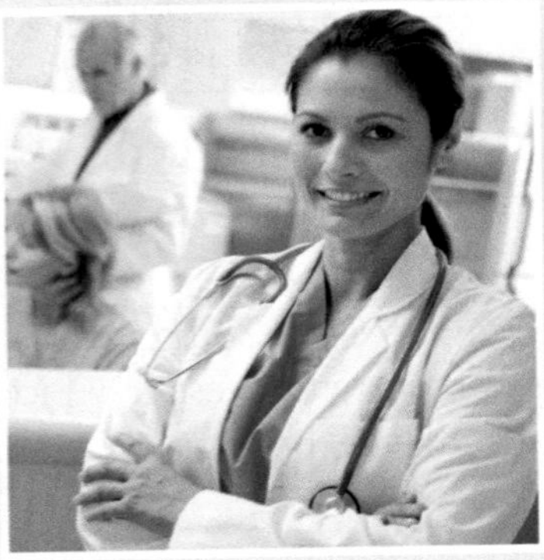

El sistema sanitario en Colombia

En Colombia se han desarrollado diferentes leyes, decretos y normas que acogen al sector de la salud. La Constitución Nacional declara la salud como un servicio público y un derecho civil de todos los ciudadanos. En 1993 se expide la ley que crea el Sistema General de Seguridad Social en Salud, conocida como "Ley 100" y basada en el modelo de salud de Chile. Esta nueva ley pretende garantizar los servicios de salud a todos los habitantes colombianos independientemente de su situación económica.

Los ciudadanos colombianos pueden acceder al sistema de salud mediante dos regímenes:

-Régimen contributivo: dirigido a aquellas personas con un sueldo equivalente al salario mínimo legal y que pueden .... (4) al sistema escogiendo una empresa promotora de salud (EOS).

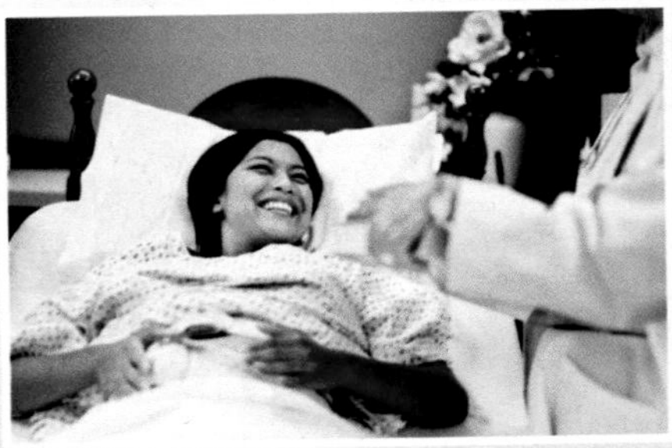

-Régimen subsidiado: dirigido a aquellas personas pobres y vulnerables económicamente y a sus núcleos familiares, teniendo especial importancia las madres durante el embarazo, parto y posparto y periodo de lactancia, las mujeres cabeza de familia, las personas mayores de 65 años y los discapacitados entre otros. El .... (5) recibido varía dependiendo de la capacidad económica de los afectados.

4. Prepara una exposición donde hables al resto de la clase de cómo es el sistema sanitario de tu país.

12 Unidad

Contenidos funcionales

- Pedir y conceder permiso
- Expresar prohibición
- Dar consejos o recomendaciones
- Dar órdenes o instrucciones
- Expresar deseos o peticiones
- Invitar u ofrecer

Contenidos gramaticales

- Imperativo afirmativo
- Imperativo negativo
- Morfología del presente de subjuntivo
- Introducción a los usos del subjuntivo

Contenidos léxicos

- Las tareas domésticas
- La vida familiar: normas de convivencia
- Aprender un idioma

Contenidos culturales

- Servicio Sismológico Nacional mexicano

Nos conocemos

- Algunas variedades dialectales del español

1 **Miren** a la cámara y **sonrían**

1.1. **Miren la foto y determinen quién es quién en esta familia.**

a. Benjamín (hijo) 4
b. Don Santiago (padre) 1
c. Doña Socorro (madre) 2
d. Anthony (estudiante extranjero) 3
e. Carmen (hija) 5

1.2. **Anthony es un estudiante extranjero que llegó a Guadalajara para estudiar español. Vive con una familia, los Ojeda, pero todavía no tiene confianza con ellos y pide permiso para todo. Relaciona sus peticiones con las respuestas que le dan.**

1. ¿Puedo abrir la ventana?
2. ¿Podría cargar la batería del celular?
3. ¿Me permiten llamar un momento a mis padres?
4. Necesito darme un baño, ¿les molesta?
5. Tengo que mandar un e-mail, ¿es posible?
6. Se me olvidó traer mi crema de rasurar. Benja, ¿me regalas tantita• de la tuya?
7. Estoy muy cansado del viaje, ¿podría acostarme un rato?
8. Tengo mucha sed, ¿puedo tomar un vaso de agua?

a. Claro que no, usa esta toalla. 4
b. Sí hombre, marca primero el prefijo 00. 3
c. Sí, tranquilo, vete a tu recámara, te avisamos para la comida. 7
d. Sí, ábrela, ábrela, que hace calor. 1
e. Por supuesto, ven a mi recámara. Ahí está la computadora. 5
f. Conecta el cargador ahí. 2
g. Tómala, está en el mueble del baño. 6
h. Claro, Tony. Hay en el refri. Toma también algo para comer. 8

• **España:** *¿Me dejas un poco...?*

1.2.1. **Tony pidió permiso de diferentes maneras. Escríbanlas en la siguiente tabla.**

1.2.2. **¿Qué modo verbal usaron los Ojeda en 1.2. para darle permiso a Tony? Márquenlo.**

- Presente
- Pospretérito
- Imperativo

Como ya viste en *Prisma Comienza*, este modo se usa no solo para dar órdenes, sino también para conceder permiso o negarlo.

1.2.3. **Pongan todos los imperativos de 1.2. donde corresponda.**

REGULARES	IRREGULARES

1.2.4. **Vamos a ver si recuerdas las terminaciones del imperativo afirmativo. Aquí tienes una tabla, complétala.**

	*habl-**ar***	*le-**er***	*escrib-**ir***
Tú•	habla	lee	escribe
Usted	hable	lea	escriba
Ustedes•	hablen	lean	escriban

• **Argentina:** *(Vos) hablá, leé, escribí*

• **España:** *(Vosotros) hablad, leed, escribid*
(Ustedes) hablen, lean, escriban

1.2.5. **Recuerden que el imperativo mantiene las irregularidades vocálicas del presente de indicativo. Ahora, clasifiquen los verbos de la tabla según su irregularidad y conjuguen la segunda persona del singular: *tú* y *usted*.**

	e>ie	o>ue	e>i	u>ue	i>y
Volver					
Pedir					
Pensar					
Jugar				juega juegue	
Construir					
Empezar					
Contar					
Vestirse					
Huir					

1.2.6. **Como ya saben, hay otros verbos que también son irregulares en el imperativo afirmativo; algunas irregularidades son propias para la persona *tú*. Completen este cuadro con las personas del imperativo: *tú, usted* y *ustedes*.**

Ir	Venir	Salir	Tener	Hacer	Poner	Decir	Saber	Ser	Conocer	Oír
ven										
	venga									
		salgan								

- **España:** *(Vosotros) id, venid, salid, tened, haced, poned, decid, sabed, sed, conoced, oíd.*

Conceder permiso

Sí, sí.	*Ay, si claro.*	*Sí, hombre, sí.*
Claro que sí.	*Desde luego.*	*Sale.*

- **Imperativo**
  - ▶ *Tómalo, tómalo.*
- **Para conceder permiso de una manera restringida**
  - ▶ Sí, pero + imperativo
  - ▶ No, (mejor) + imperativo
  - ▷ *¿Podrías prestarme tu diccionario?*
  - ▶ *Sí, pero **devuélvemelo** lo antes posible porque lo necesito para hacer la traducción.*

1.2.7. **Ahora, imaginen, por un lado, que Tony quiere pedir permiso para hacer otras cosas, ¿cómo lo haría? Traten de usar estructuras o tiempos diferentes en cada caso. Por otro lado, piensen cómo responde doña Socorro a esas peticiones para concederle permiso.**

1. Poner sus CD en el librero de la sala.

   ¿Puedo poner mis CD en el librero de la sala?

   No, mejor ponlos en el cajón.

2. Tomarse una fotografía con los Ojeda para mandársela a sus padres.
3. Usar los cajones de una cómoda para guardar su ropa interior.
4. Dejar la bolsa de cuidado personal en el mueble del baño.
5. Mover el escritorio para ponerlo más cerca de la ventana.
6. Hacer una copia de las llaves de la casa para él.

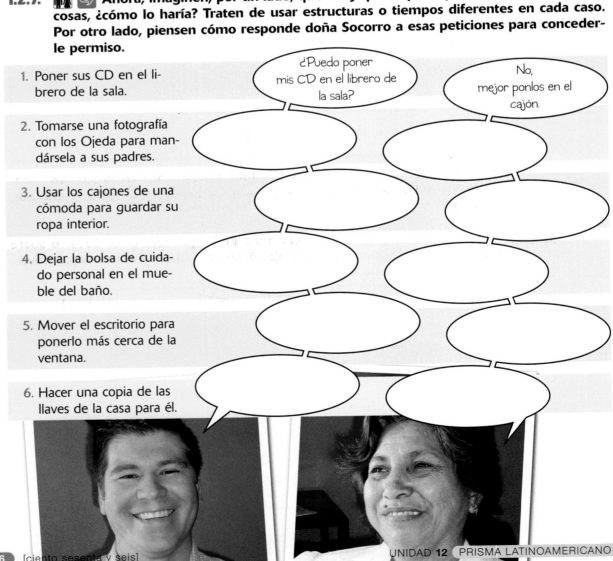

2.1. Tony, en su primer día, oyó un montón de palabras y expresiones nuevas, todas sobre la casa y las tareas domésticas. Ayúdenle a buscarlas en el diccionario y a clasificarlas en su cuaderno.

cajón • bolsa de cuidado personal • cesto de la ropa sucia • pasar la aspiradora • poner la lavadora • cómoda • plancha • cuartito de servicio • control remoto • sacar la basura • planchar • sacar al perro • regar las plantas • toalla • sábanas • quitar el polvo • rastrillo• • ir al súper • tijeras • gancho• • horno • sóquet• • tender la ropa • poner la mesa • cafetera • papel higiénico • peine • hacer la cama • lavar • trastes • sartén

• **España:** *maquinilla, percha, enchufe*

Tareas domésticas	Aseo	Cocina	Recámara	Aparatos y otros

2.1.1. [55] Escucha cómo doña Socorro le explica a Tony algunas cosas de la casa; va a usar doce de las palabras y expresiones que acabas de ver en el ejercicio anterior, subráyalas.

2.1.2. [55] Escucha de nuevo, pero ahora toma nota de lo que dice doña Socorro sobre cada uno de los temas que tienes abajo. Fíjate especialmente en los imperativos.

La recámara	La ropa	Las comidas	El súper

2.1.3. [55] **Durante la conversación, Carmen le daba órdenes al perro. Cuatro de estos dibujos muestran la reacción de Balú a las órdenes de su ama, señala cuáles y escribe la orden.**

2.2. **Cuando Tony regresa de clase de la tarde, encuentra estas notas en su escritorio; léanlas y adivinen quién escribió cada una.**

1. No te hagas de comer, en el refri hay unas enchiladas y ensalada.
Acuérdate de que mañana es el cumpleaños de Carmen y tenemos comida familiar.
No hagas planes, por favor.

2. Tony, espérame, no te vayas, así te presento a mis amigos. Estate preparado para las once, paso por ti.
No te pongas demasiado elegante, vamos a ir a unos bares.

3. Tony, aquí tienes una copia de las llaves, tráelas siempre en la bolsa de los pantalones, que no se te olviden porque, como puedes ver, pasamos mucho tiempo fuera de la casa y Juanita se va a la escuela, así que te puedes quedar en la calle.
Si sales, apaga todas las luces y no cierres la puerta de la cocina porque ahí tiene el perro su comida.

4. Hola, Tony,
ahorita no puedo ayudarte con la tarea, tuve que salir.
No te enojes, por favor, y no la hagas, vuelvo pronto y la hacemos juntos,
¿sale?

a. Benjamín (hijo) .... ☐

b. Don Santiago (padre) .... ☐

c. Doña Socorro (madre) .... ☐

d. Carmen (hija) .... ☐

2.2.1. **Observen que en estas notas aparecen órdenes, consejos, instrucciones..., tanto en forma afirmativa como negativa. Separen los imperativos en esta tabla.**

Imperativos afirmativos	*Imperativos negativos*

Imperativo negativo

Si quieres aprender rápido el imperativo negativo, solamente tienes que saber la forma del imperativo afirmativo de usted, y añadir una **-s** para **tú**, y una **-n** para **ustedes**.

Usted coma { + **s** ➡ *(tú) no coma**s*** / + **n** ➡ *(ustedes) no coma**n***

Usted	Tú	Ustedes
trabaje más	*no trabaje-**s***	*no trabaje-**n***
venda más	*no venda-**s***	*no venda-**n***
abra pronto	*no abra-**s***	*no abra-**n***

¿Viste? Los pronombres complemento, en el imperativo negativo, se ponen delante del verbo: *"No te vayas"*.

• **Argentina:** *(Vos) no tomés, no comás, no vivás*

2.3. **Tony, que es muy empírico, practica el imperativo negativo con Balú. Pon las frases en forma negativa y tendrás las órdenes que le ha dado al perro. ¡Ojo con los pronombres!**

1. Siéntate ....
2. Dame la mano ....
3. Agarra la pelota ....
4. Ladra ....
5. Échate ....
6. Salta ....
7. Párate en dos patas ....
8. Cómete los apuntes ....

2.4. [56] **Nuestro Tony se pasa el día pidiendo consejo a sus profesores, quiere saber qué puede hacer para mejorar su español. Escucha los diálogos y toma nota, primero, solo de los imperativos afirmativos con que le aconsejan.**

Imperativos afirmativos	*Imperativos negativos*

2.4.1. [56] **Vuelve a escuchar, pero esta vez fíjate en los imperativos negativos y anótalos.**

2.4.2. **¿Están de acuerdo con los profesores de Tony? Comenten con sus compañeros qué consejos, por su experiencia, les parecen más útiles.**

2.4.3. **¿Qué otros consejos pueden dar a sus compañeros sobre el aprendizaje del español?**

3 Pide un deseo

3.1. **Después de su primera clase en México, Tony volvió muy contento a casa. Hoy estudiaron en la escuela el presente de subjuntivo, pero cuando iba a hacer la tarea se dio cuenta de que Balú estuvo jugando con el cuaderno y le manchó y rompió varias páginas. Ayúdalo a reconstruir sus apuntes con la única hoja que se salvó.**

Presente de subjuntivo

- **Terminaciones:**
  - Verbos en **-ar** → **-e**
  - Verbos en **-er, -ir** → **-a**

- **Verbos irregulares:**

  Si conocemos bien las formas del presente de indicativo, podemos deducir el presente de subjuntivo.

  - Las irregularidades vocálicas **(o>ue, e>ie, u>ue)** son exactamente iguales.
  - **e>i,** en subjuntivo, se mantiene en todas las personas.
  - Los verbos **dormir** y **morir**, además de la diptongación en **-ue**, cambian **o>u** en la primera y segunda persona del plural.
  - Las irregularidades consonánticas se repiten en todas las personas.
  - El presente de subjuntivo solo tiene cuatro irregulares propios: **ser, haber, ir** y **saber.**

Presente de subjuntivo

	habl -ar	**com -**	**viv -ir**
Yo	habl**e**	com**a**	viv
Tú •	habl**es**	com**as**	viv
Él/ella/usted	hab	com**a**	viv
Nosotros/as	hab	com**amos**	viv
Ustedes •	hab	com**an**	viv
Ellos/ellas/ustedes	habl**en**	com**an**	viv

Presente de subjuntivo
irregularidades vocálicas

e>ie pensar	o>ue poder	o>ue dormir	e>i pedir
p**ie**nse		rma	p**i**da
nses		rmas	p**i**das
nse		rma	p**i**da
emos	podamos	amos	p**i**damos
nsen	p**ue**dan	man	p**i**dan
nsen	p**ue**dan	d**ue**rman	p**i**dan

- **Argentina:** *Vos hables, comas, vivas, pienses, puedas, duermas, pidas*
- **España:** *Vosotros habléis, comáis, viváis, penséis, podáis, durmáis, pidáis*

CONTINÚA

Presente de subjuntivo
irregularidades consonánticas

tener	venir	conocer	hacer
tenga			
	vengamos	**conozcamos**	
	vengan	**conozcan**	
tengan	**vengan**	**conozcan**	**hagan**

Irregulares

	ser	haber		saber
Yo	sea	haya	vaya	
Tú•	seas	hayas	vayas	
Él/ella/usted	sea	haya	vaya	
Nosotros/as	seamos	hayamos		sepamos
Ustedes•	sean	hayan		sepáis
Ellos/ellas/ustedes	sean	hayan		sepan

• **Argentina:** *Vos tengas, vengas, conozcas, hagas, seas, hayas, vayas, sepas*

• **España:** *Vosotros tengáis, vengáis, conozcáis, hagáis, seáis, hayáis, vayáis, sepáis*

3.2. **Observen esta fotografía. ¿Qué les sugiere?**

3.2.1. **Mientras los demás se divierten en la fiesta, Tony está muy pensativo: hoy no entendió bien la clase de gramática. La profesora habló de los usos del subjuntivo, de deseos, consejos, permiso, prohibición... ¡qué confusión! Pero, de repente...**

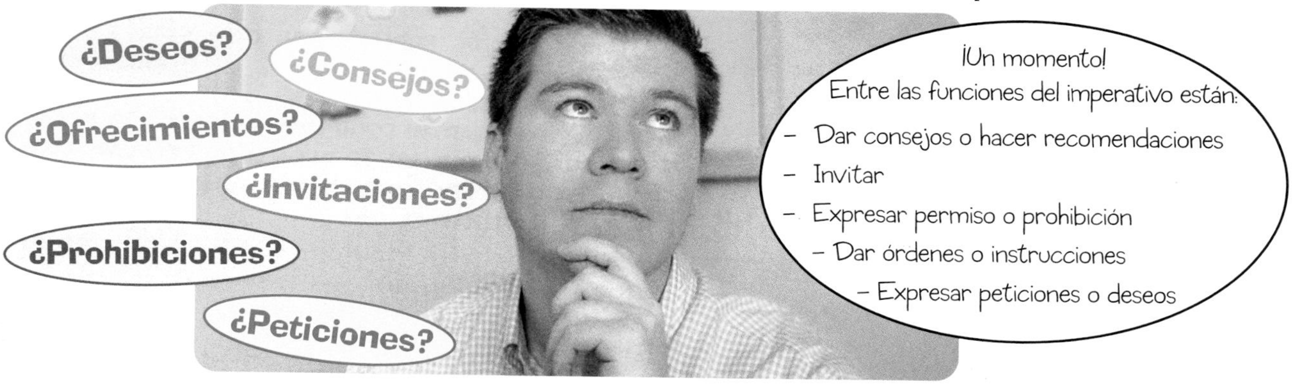

3.2.2. **Y para asegurarse, Tony busca en su cuaderno ejemplos de cada una de estas funciones. Aquí tienen los que encontró. Clasifíquenlos según su función.**

1. Mira a la cámara y calla.
2. Prueba la tarta, está buenísima.
3. No te enojes, por favor.
4. Trabaja con alegría.
5. Dame la mano.
6. ¡No te comas los apuntes!
7. Sé feliz.
8. Háblame de tú, por favor.
9. No te pongas demasiado elegante, ¿sale?
10. Lean todos los días un poco, es conveniente.

- Dar consejos o recomendaciones ....
- Invitar ....
- Expresar permiso o prohibición ....
- Dar órdenes o instrucciones 1........................
- Expresar peticiones o deseos ....

3.2.3. **Tony llegó a la conclusión de que con el imperativo siempre tratamos de influir en el ánimo o en el comportamiento de otras personas. Mirando de nuevo sus apuntes, relacionó esos verbos con las funciones del imperativo.**

1. Te prohíbo que...
2. Te pido que...
3. Te aconsejo que...
4. Te recomiendo que...
5. Te dejo que...
6. Deseo/espero que...
7. Te permito que...
8. Te sugiero que...
9. No quiero que...
10. ¿Se te antoja que...

- Dar consejos o recomendaciones ....
- Invitar ....
- Expresar permiso o prohibición ....
- Dar órdenes ....
- Expresar peticiones o deseos ....

Para dar consejos o recomendaciones, invitar, expresar permiso o prohibición, dar órdenes, expresar peticiones o deseos, se puede usar:

- **Imperativo:**
  Lee *todos los días un poco.*
- **Verbo + *que* + subjuntivo:**
  Te aconsejo que leas *todos los días un poco.*

3.3. **Cada uno de los regalos que recibió Carmen llevaba una tarjeta llena de buenos deseos, pero ella estaba tan emocionada que sus lágrimas emborronaron algunos verbos. Son los que tienes en el recuadro; completa con ellos las tarjetas.**

tener • ayudar • cumplir • gustar • disfrutar • ser • poder • dejar • saber • hacer • pasar

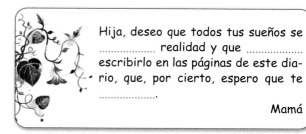

Hija, deseo que todos tus sueños se .... realidad y que .... escribirlo en las páginas de este diario, que, por cierto, espero que te ....

Mamá

HERMANITA, ESPERO QUE CON ESTE REPRODUCTOR DE MP4 .... RATOS MUY AGRADABLES Y NO .... QUE VOLVER A USAR MI EQUIPO DE MÚSICA Y, YA PUESTOS, AUNQUE NO TE REGALO UN CELULAR, TAMBIÉN ESPERO QUE, EN ADELANTE, ... DE UTILIZAR EL MÍO.

JUAN

CONTINÚA

Niña, espero que estos diccionarios te .... en tus estudios y que tus notas .... este curso tan buenas como las del año pasado. Quiero que .... que en este día te deseo lo mejor.

Papá

Carmen, ¡felicidades! Espero que .... muchos más junto a la gente que quieres y, también, que .... con este libro.

Tony

3.4. **Benja y Carmen, al terminar la fiesta familiar, decidieron salir de parranda e invitaron a Tony. Se la pasaron tan bien que volvieron a casa demasiado tarde. Tony encontró una nota de don Santiago. Léela.**

Deseo, Tony, que te sientas como en tu casa, pero también quiero que sepas que tenemos unas normas de convivencia y te pido, por favor, que las respetes.

Debes saber que no permito que mis hijos beban alcohol, que salgan de noche entre semana, ni que duerman fuera de casa sin avisar. Espero que, si algún día piensas pasar la noche fuera, nos hables para decírnoslo.

No es necesario que colabores en las tareas del hogar, pero sí te pido que dejes tu cuarto siempre ordenado y que cumplas con tus tareas escolares, ¿de acuerdo?

Puedes usar la computadora y conectarte a Internet si lo necesitas, pero te ruego que lo hagas por la tarde, a partir de las cinco porque es más barato. No quiero que entres en páginas web de pago.

En cuanto a tu estancia en nuestro país, te aconsejo que aproveches el tiempo, que visites los museos y que estudies nuestra cultura; también te recomiendo que comas en restaurantes típicos y que vayas al teatro; hay funciones muy interesantes. Seguro que tus padres no quieren que te gastes el dinero en bares y discotecas y esperan, igual que yo, que este viaje te enriquezca y sea una experiencia valiosa para ti.

3.4.1. **Ahora, con tu compañero, seleccionen en el texto las frases que indican:**

1. Orden ....
2. Deseo ....
3. Consejo ....
4. Petición ....
5. Prohibición ....

3.4.2. **Estas son unas normas de convivencia muy comunes en la familia mexicana. ¿Les parecen duras? ¿Es igual en sus familias? ¿En sus países?**

3.5. En la clase de Tony, hoy hicieron un debate sobre lo que está permitido y prohibido en sus países. Aquí tienen parte de la información. ¿Por qué no la comentan y la amplían hablando de las leyes de sus países?

Está prohibido en:

- **EE. UU.** que los menores de 21 años beban alcohol y que la gente fume en los lugares públicos.
- **España** que las tiendas vendan alcohol después de las 10 de la noche.
- **Brasil** que las bañistas hagan *topless* en las playas públicas.
- **Italia** que los votantes se abstengan en las elecciones.
- **México** que nadie tome alcohol en la vía pública.

Está permitido en:

- **EE. UU.** que los jóvenes conduzcan a partir de los 16 años.
- **Holanda** que la gente consuma drogas blandas en locales especiales.
- **España** que los homosexuales contraigan matrimonio.
- **México** que las discotecas abran hasta las tres de la madrugada.
- **Bélgica** que los médicos practiquen la eutanasia.

3.6. Igual que hicieron los compañeros de Tony el último día de clase, escriban entre todos una carta con consejos, advertencias y sugerencias para los estudiantes que van a empezar a trabajar con *Prisma Continúa,* usando, por supuesto, el imperativo y el subjuntivo.

Queridos compañeros:

Autoevaluación

1. ¿Tienes en tu lengua alguna estructura o tiempo verbal que tenga las mismas funciones que el imperativo en español?

2. Piensa en tres funciones del imperativo que también se puedan expresar con subjuntivo y escribe ejemplos.

3. ¿Qué tienen en común el imperativo y el subjuntivo en español?

4. Para empezar a estudiar el subjuntivo, sus formas y usos, es muy importante que conozcas bien el indicativo. ¿Crees que ya estás preparado? Si no es así, ¿qué deberías revisar del indicativo?

ALGUNAS VARIEDADES DIALECTALES DEL ESPAÑOL

1. El español es la lengua materna de diferentes países, entre ellos España y los países de Latinoamérica, y cuenta con numerosas variedades dialectales. ¿Saben qué significa? A continuación les presentamos tres definiciones, tan solo una de ellas es correcta. Discútanlas y señálenla.

Las variedades dialectales son...

1) los idiomas que conviven con el español en la misma región geográfica. Por ejemplo: el catalán en Cataluña (España), el quechua y aimara en Bolivia o el náhuatl en México. ☐

2) las variaciones léxicas, sintácticas y fonológicas producidas en la lengua española, solo en aquellas comunidades que conviven con otro idioma diferente. ☐

3) las variaciones léxicas, sintácticas y fonológicas de la lengua española, asociadas a una determinada zona geográfica independiente de que conviva o no con otra lengua diferente. ☐

2. María está haciendo un estudio sobre dos diferentes variedades dialectales del español. Lean detenidamente el siguiente artículo y comprueben si la definición del ejercicio anterior es correcta.

Variedades de una misma lengua: "El español de Galicia y el español de Cuba"

El español es la lengua materna en muchos países del mundo. Por este motivo, dependiendo de la zona geográfica en la que nos encontremos, la lengua española se somete a variaciones de tipo léxico, sintácticas y fonológicas; independientemente si en esa zona geográfica se convive o no con otra lengua distinta al español. Dos ejemplos de esto, son las variedades del español de Galicia, y las del español de Cuba:

El español de Galicia

Es la variedad lingüística del español hablada en los territorios gallego-parlantes y que se caracteriza especialmente por la influencia del contacto de la lengua española con la gallega en la misma zona geográfica.

Las características más notables son las siguientes:

- -Elevación de la entonación al comienzo de la frase.
- -Cierre de las vocales finales: a veces se identifica la "o" con la "u" y la "e" con la "i".
- -Eliminación de la /-k/ antes de consonante: "perfeto" en lugar de "perfecto" o "tato" por "tacto".
- -Generalización del uso del pretérito: "Hoy comí en casa de mi abuela" en lugar de "Hoy he comido en casa de mi abuela".
- -Creación de diminutivos con la terminación -iña/-iño: "guapiño, guapiña" en lugar de "guapito", "guapita".
- -Mezcla de palabras en gallego con palabras en español: "¡Pecha la ventana!" en lugar de "¡Cierra la ventana!".

El español de Cuba

Es la variedad lingüística del español hablado en Cuba, y que comparte la mayoría de las características del español del Caribe. Las primeras oleadas de emigrantes españoles, la mayoría eran andaluces y canarios, exportaron los rasgos caribeños del español. Este factor explica la afinidad del español caribeño con el sur de España.

Las características más destacadas del español de Cuba son:

- Uso redundante de los pronombres sujetos: "Susana dice que ella mañana no va a venir" en lugar de "Susana dice que mañana no va a venir".
- Colocación del sujeto antes del verbo en las preguntas: "¿Cómo tú estás?" en lugar de "¿Cómo estás?".
- Generalización del uso del pretérito: "¿Qué comiste hoy?" en lugar de "¿Qué has comido hoy?".
- Pérdida de la /d/ intervocálica en la pronunciación de un gran número de palabras: "deo" en lugar de "dedo"; o "perdio" en lugar de "perdido".
- Cambio de /l/ por /r/: "alma" se pronuncia "arma" y viceversa.

2.1. Relacionen las dos columnas sin volver a leer el texto.

1. Español de Galicia.
2. Español de Cuba.

- a. En las preguntas, el sujeto se coloca antes del verbo.
- b. El pretérito se utiliza sustituyendo al antepresente.
- c. Los diminutivos terminan en "–iño" o "–iña".
- d. Eliminación en la pronunciación de la /k/ antes de una consonante.
- e. Redundancia en el uso de los pronombres sujetos.

3. [57] A continuación escucha con atención cómo hablan y pronuncian las siguientes frases diferentes hablantes procedentes de varios países latinoamericanos. Señala la procedencia de cada hablante, según su variedad dialectal.

	Cuba	España	México	Argentina	Costa Rica
Hablante 1					
Hablante 2					
Hablante 3					
Hablante 4					
Hablante 5					

Paseo musical

Contenidos funcionales

- Hablar de experiencias y valorarlas
- Describir lugares, cosas y personas
- Expresar gustos y preferencias

Contenidos gramaticales

- Contraste de pasados
- Adjetivos calificativos
- ¡*Qué* + adjetivo!
- Pronombres personales de objeto indirecto
- Verbos: *gustar, encantar...*

Contenidos culturales

- La música de Latinoamérica y España

1. [58] **Tony es un estudiante de español que ha viajado por diferentes lugares de Latinoamérica y España. A través de la música que vas a oír, y con la ayuda del mapa, marca el itinerario que hizo.**

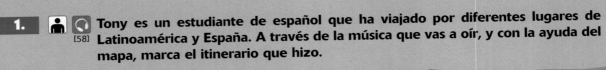

2. [58] **Vuelvan a escuchar y comenten con sus compañeros cuáles son sus preferencias musicales.**

Nomenclatura de las formas verbales

La nomenclatura de los tiempos verbales del español ofrece variaciones según las diferentes gramáticas existentes. **Prisma Latinoamericano** sigue las directrices de la reciente ***Nueva gramática de la lengua española***, 2009. En esta obra, realizada por la Real Academia Española (RAE) y la Asociación de Academias de la Lengua Española, se muestran las nomenclaturas más difundidas de los tiempos verbales del español. En este libro se trabaja con la terminología de Andrés Bello, ya que es la más influyente y extendida en México y viene recogida en la *Nueva gramática*.

A continuación, aparece un cuadro con la equivalencia de los tiempos verbales según la *Gramática* de Andrés Bello y la terminología de las obras académicas recientes: *Diccionario de la lengua española* de la Real Academia Española (DRAE) y el *Diccionario panhispánico de dudas (DPD).*

Equivalencias de las nomenclaturas de los tiempos verbales

Andrés Bello (Gramática, 1847)	*DRAE/DPD*	*Ejemplos*
MODO INDICATIVO		
Presente	Presente	*Hablo*
Antepresente*	Pretérito perfecto compuesto	*He hablado*
Pretérito	Pretérito perfecto simple	*Hablé*
Copretérito	Pretérito imperfecto	*Hablaba*
Antecopretérito	Pretérito pluscuamperfecto	*Había hablado*
Futuro	Futuro simple	*Hablaré*
Antefuturo	Futuro compuesto	*Habré hablado*
Pospretérito	Condicional simple	*Hablaría*
Antepospretérito	Condicional compuesto	*Habría hablado*
MODO SUBJUNTIVO		
Presente	Presente	*Hable*
Antepresente*	Pretérito perfecto compuesto	*Haya hablado*
Pretérito	Pretérito imperfecto	*Hablara o hablase*
Antecopretérito	Pretérito pluscuamperfecto	*Hubiera o hubiese hablado*
MODO IMPERATIVO		
Imperativo	Imperativo	*Habla (tú)*

* Estos tiempos verbales aparecen en algunos manuales como *Presente perfecto.*